五种时间

重　建　人　生　秩　序

王潇 著

中信出版集团 | 北京

图书在版编目（CIP）数据

五种时间：重建人生秩序 / 王潇著. -- 北京：中信出版社，2020.10 （2025.12重印）
ISBN 978-7-5217-2254-3

I. ①五… II. ①王… III. ①时间—管理 IV. ①C935

中国版本图书馆CIP数据核字（2020）第181432号

五种时间：重建人生秩序

著　　者：王　潇
出版发行：中信出版集团股份有限公司
（北京市朝阳区东三环北路27号嘉铭中心　邮编　100020）
承 印 者：北京盛通印刷股份有限公司

开　　本：880mm×1230mm　1/32　　印　　张：8.75　　字　　数：150千字
版　　次：2020年10月第1版　　印　　次：2025年12月第22次印刷
书　　号：ISBN 978-7-5217-2254-3
定　　价：59.00元

建 造 花 园 者 ， 收 获 果 实

目录

04

好看时间　身体主义

始终是持续的优先级的甄选与落实，造成了每个人看上去的样子。

05

好玩时间　收集世界

我可以翻开新的书，看新的电影，遇见新的人，感受失望或惊喜，但不会停止在世界给我的巨大界面上滑动我的手指。

序言一

前世今生

我根本无法做到在旁边有手机的情况下写完这本书。

这件事本身是一个极大的讽刺，我明知自己正在写的就是一本关于时间管理的书，我也知道按计划该何时写完，每天该写多少，但我还是会拿起手机。很多次，当我以为我正在进行深度思考，但突然间，我发现自己的手指头却在屏幕上滑动。

我和很多人一样，从未像现在这样需要求助于时间管理方法。

在此之前，我作为一个时间管理文创品牌的创始人，接触过GTD（搞定）法、柳比歇夫时间管理法、时间轴法、时间四象限法、番茄工作法、甘特图法、垂直分析法、“吃掉那只青蛙”法、四点起床法、专注冥想法、视觉模拟计时器法。我在写上一本书《时间看得见》的时候，还尝试过用思维导图把既有的时间管理方法纳入一个总逻辑中，结果发现，思维导图会让人的大脑的杂乱更加一目了然。

我还发现，时代更迭的速度早已超越了时间管理体系更新的速度。而我们，总是妄想用旧方法解决新问题。

每当提到“时间管理”，我们总是被引导应该这样做：

- 记下来，这样就不会忘记每一件该做的事情；
- 使用日程表和甘特图，让项目进度有条不紊；
- 分清楚哪些重要，哪些紧急，遵从二八法则设定优先级；
- 要进行整体规划、长期规划，小目标要服务于大计划。

以上都对，都能解决局部问题，更准确地说，它们曾经满足了不同时代的人对时间管理的需求，代表了各种背景下的时间管理特征。如果我们仔细研究，会看到已知的“时间管理”概念从出现至今，随着生产力的变迁已经经历了至少四代的发展。无论环境怎样变化，勤劳的人类从未停止训练自己切割和使用时间的能力。人们很清楚，时间永远有限，需要练习切割时间和使用自己短暂生命中的可能性。可喜的是，每一次时代变迁，都有新的时间管理方式应运而生，人们一定会重新获得时间管理的自觉和启蒙。

在正式进入本书的阅读之前，我们需要先找到自己在整个发展坐标轴上的位置，了解时间管理的前世今生。

上古时代，时间管理的备忘时代

上古时代，人们用结绳记事和壁画来确保事情不会被遗忘，这和我们今天用备忘录和便笺一脉相承。由于认知水平和生产力水平低下，当时的人没能力计划明天和全盘思考，只好专注于当下事务。祖先在绳子上打好一个结，类似于今天我们在即时贴上打了一个钩。这就是为什么你在使用备忘录的时候会感到缺乏线性时间的约束。

农业时代，时间管理的计划时代

农耕文明是一种充满耐心的文明，因为那时我们的祖先懂得跨越季节播种和收获，这让时间线拉到了空前的长度。祖先开始按年、按月、按星期、按天计划农业劳动，如同我们今天使用清单、日程表、计划表和甘特图，农业时代的图表结构看起来已经和今天的Excel（制表应用）表格一样规范工整。如果你发觉这样的清单和表格缺乏对轻重缓急的判断，那是因为现在的你已经不再按照节气和季节开展活动。

工业时代，时间管理的效率时代

19 世纪以后的工业时代，迎来了人类生产效率的转折点。当不同的工序和节点对生产进程的影响出现巨大差别时，优先级决策成了最核心的事情。著名的时间管理理论四象限法则和华罗庚的运筹学都在这一时期被提出，帮助人们择优安排时间。四象限法则非常适合对工作场景的任务再分类，这就是为什么你在归纳和填写四象限时会感觉重要和紧急事项突显得相当清晰，同时会对不重要和不紧急事项产生困惑，因为在生活中人们偏偏喜欢做很多不重要和不紧急（但又很想做）的事情。

信息时代，时间管理的价值时代

再后来就是我们熟悉的世界，互联网带来的全球化展现了价值观的多元化和生活方式的参差多态，人们突然发现有无数文本可以读，无数图片可以看，无数事物可以去了解。信息传递的速度越来越快，使得人们必须迅速找到方法甄选和采集对自己有价值的信息，随即诞生了各种各样的信息处理工具，包括效率手册和效率管理App（应用软件）。在这个时期，无论是纸本工具还是手机端工具，都有一个共同的特点，即人们开始发觉自己的独特性，追求人生的自定义和自我实现。但是科学技术的发展速度如此惊人，人们还在寻找更得心应手的方法来处理如此大量的信息，智能时代眼看就要来了。

智能时代，时间管理会对应进入什么时代呢？

我们此刻正处在智能时代将来但未来的黎明。

智能时代是计算机和人脑一起思考，但计算机技术已经开始有能力反过来干预人脑的时代。

在信息时代出现之前，人们的主要任务是同时处理事件流和时间流，把事件纳入时间当中予以解决，但随着计算机对生活的渗透逐渐加深，人们不得不开始处理越来越高频、越来越大量的信息流。在即将到来的智能时代，信息被空前地武装起来，变成追逐用户的定向广告，按照上瘾而设计的应用，小红点堆积的信息湍流，冲刷着我们的焦点和耐心。智能手机以精准的判断完成了对我们极具个性化的吸引，武装后的信息流带走了处理事件流和时间流的时间，更垄断了我们宝贵的精力和注意力。

智能时代与以往全然不同，想要做到有效的时间管理，就要充分意识到并培养自己的两种能力。

第一种能力：手机上的每个应用都在争夺你的时间，它们要的不是点击，而是你的一部分生命。应对、处理和关闭信息流的能力，对时间的觉知和应用能力，就是智能时代的时间管理能力。

第二种能力：手机的每一次推送和对他人生活的展示，都是在冲击你既有的价值观，动摇你选定的道路，让你对自己的活法产生怀疑。信息流应该为你生命中的事件流服务，而不是让事件流反过来被信息流击溃。找到可支配时间，管理自己的人生秩序，而不受信息流和他人预期的干扰，才是真正的时间管理。

本书的内容逻辑，是从五种时间的分类和概念出发，掌握在智能时代觉知和应用时间的花园模型，获得一种独特而连贯的经验。希望正在到来的智能时代能够成为时间管理的花园时代。

我在写这本书的全程所经历的，就是来自智能手机的考验。本书的写作过程，同样也是我的时间花园的建造过程。当写作完成时，我和我的时间管理体系都获得了一次全面而丰富的升级。整个体系通过文字已凝结于书中，得以让思考结果与所在的时代同步。在本书中，我充分叙述了五种时间管理的结构和执行方式，希望读到的人可以重建自己人生的秩序。

祝愿每一个像我一样，已经深深被手机影响了生活节奏的人，都能拥有敢于重建人生秩序的决心。只有当人们不再被旧的框架束缚，为自己创造一个天然和自由的环境，才有能力把这个时代巨大的信息冲刷变成养料、阳光和水分，用它们来滋养生活。当你能够对信息进行重新辨别和分类，把旧有、无效的待办事项杀死在脑中，就可以使用这种能力做到你从未做到的事情。到那时，你能够引导和控制无边无际的闪念，并利用它们来实现你的愿景。时间花园会用它的生长和创造机制，将一个人从精神折磨中解放出来，带来清新、充盈的力量，引领持续行动。

期待大家能够耐心读到第七章花园模型的出现，因为在智能时代，懂得建造时间花园的人，将收获未来的果实。

序言二

串起点滴

本书从创作到诞生，严格来说历经了 12 年。如果说应对新的时间管理问题需要不断研发新的“特效药”，我就是那个常年沉迷研发的人。

在过去的 12 年中，我出版了 7 本书，以此寻找人生的目标和抵达方式。

在过去的 10 年中，我创立了一个文创品牌，以此解决时间管理的优先级和路径问题。

在过去的 7 年中，我观察了上百万人的行动，以此求证是哪些规律和方法论在人群中持续发生作用。

在足够长的时间线上，一个人才有能力看清过程中的行为和事件是怎样作用于整体的。2018 年，也就是我 40 岁那一年，我的寻找和求证逐渐形成了结构性的结论，我给这套结论起名“五种时间”。我认为“五种时间”可以有效回答我在过去 12 年、10 年、7 年中涌现的所有时间管理问题，其实它所能回答的早已超越了时间管理问题的范围。

为了论证“五种时间”，我又做了两件事，各用了一年时间。

第一件事：2018 年，我去往国内 26 个城市，把“五种时间”的第一个版本讲给我的读者和文创使用者听，现场听取大家的理解和反馈，也观察“五种时间”后续对每个人的影响和改变。我认为好的理论通常包含三点，一是用简单结构可以解释复杂问题，二是可以影响和改变行为（改变行为是很重要的指标），三是能够跨越文化和地域，这一点最厉害。我从佛山讲到呼和浩特，再从哈尔滨讲到兰州，虽然台湾地区和香港地区还没去，但这本书会把我带去那里。我相信这本书在未来也有机会被翻译成其他语言的版本，把“五种时间”带到更多文化之中。希望它能给每一个读到的人带来启发和转变。

在现场课程中，一开始讲完“五种时间”的完整内容需要 4 小时，后来因为太受欢迎增加到 8 小时，本书在后来的 8 小时版本上进行了全面升级。在写书时，我又重新规划了内容顺序，毕竟追溯到“五种时间”的诞生，是我要解决自己遇到的各种问题，解决那些从少年时代就开始的一系列追问。明白要趁早，最理想的坐标肯定是站在人生的早期，因此我挪动了我的写作观测点，退回出发时刻，重新按成长的时间线设计了阅读逻辑，不过当你读到书中的第七章和第八章时，就会迎来整本书的融会贯通。

在现场讲解“五种时间”时，我和团队还准备了很多视频和图表，包括现场的互动练习和作业，这些会在本书的配套练习中复现一部分。在视频时代，读书变成了少数人安静又持久的旅程，但我相信阅读本书时，你又能听到自己心中海涛翻腾和烟花绽放的声音。

第二件事：2019 年，我和团队为用户开发了一款叫作“趁早行动”的微信小程序，开始用“五种时间”的原理来观察大家的优先级分类和具体行动，包括优先级为什么而设，因什么而变动，行动因为什么而坚持，又被什么中止。事实上，从 2014 年春天我的读者自发组织全国各地的“趁早读书会”开始，这类观察就在进行，但我和团队的现象归因能力在 2018 年“五种时间”体系形成之后，才有了确切的落地。还是那句话，在足够长的时间线上，一个人才有能力看清过程中的行为和事件是怎样作用于整体的。成长中最大的成本是战略成本和时间成本，要分清什么是真正的节约，什么是真正的浪费。如果是真正想做的事，就要充满耐心。

每半个月，“趁早行动”微信小程序上都会新开一期指向若干具体目标的 100 天计划，这些计划的上线逻辑也都来自同一个结构。我猜参加了 100 天计划的同学在看完本书之后，会对很多环节的设置恍然大悟。这个基于数据的观察行动迄今已经进行了差不多两年，样本量在本书出版时早已超过 100 万人，每一期的数据都在不断加深、印证着，到底什么是重建人生秩序的真谛。

在我们打造的文创品牌和微信小程序里，总是不断地重复着两句话，“一生只有 300 个 100 天，用 100 天做一件事”和“时间看得见”，那么这两句就是建立人生秩序的真谛吗？既是，也不是，因为我们永远无法用局部方法论去解决一个整体问题。人生是一个整体问题，因为人生的本质是对五种时间综合管理后的结果。时间是有方向的，就像一条绵延向前的道路，就像本书的诞生，任何一个观点都有出处，任何一个闪念都触发了涟漪，过去经历的每一件事都是在为未来的某个时刻做准备。如今我终于明白，一路上的点滴是如何串联成了完整的体系。

以上就是本书诞生的前情提要，接下来我也会继续观察读者阅读后展开的行动：你的花园繁茂还是荒芜，要看你的耕耘程度，而最需要集中精力去做的事情，就是此时此刻所能做的——展开行动。

五种时间

Man is a perpetually wanting animal.

by Abraham Maslow

人总是在希望着什么。

——亚伯拉罕·马斯洛

01

神灯和它的主人

拥挤的许愿池

由于创立了一个文创品牌，我每年能看到数以万计的人类愿望。

这个品牌销售量最高的单品，叫作“趁早效率手册”，里面含有条目细致的愿望清单。我从小就使用类似的手册作为时间管理工具。从我把它做成一种商品并建立品牌到现在，已经有 10 年的时间。第一年，这款手册销售了 3 000 本，到现在，趁早效率手册本身和拓展出的各种时间管理类手册每年售出超过 100 万本。每年也许有几十万人会把他们的愿望写在“趁早”的纸本上，但最初的几年，我看不到人们具体在纸上写了什么。

随着移动互联网的普及，使用者开始在微博上提醒（@）我，提供他们的使用反馈、展示他们的愿望清单。2016 年初的一天，我发现我的微博未读消息“爆炸”了，几天之内我收到了无数人的新年愿望和年度计划。

更奇特的是，到了年底我的微博评论区成了心想事成的告示板，大家会来展示年初愿望清单的达成报告。达成报告越积越多，反复几年之后，趁早效率手册开始被大家称为“阿拉丁神灯”，手册末尾“一生的计划”的填写部分成了使用者的许愿池。后来因为大家的愿望清单和达成报告实在太多，我已很难看完所有微博评论，于是委托同事进行统计和记录。

统计的初衷当然非常单纯，除了收集产品反馈，我们想看看什么样的愿望最多，这样可以按需求去设计、生产新的品类，卖出更多的本子。

所以首先感谢我们朴素的卖本初心，不然就不会有后面的行动，更不会产生这套“五种时间”理论——第一批收集回来的统计结果，带来了我和团队的质变时刻，让我们的创业之路改变了方向。

还记得那天下午，负责统计的同事开始讲解PPT（演示文稿），我们端来各自喜欢的饮料围坐在一张黑色会议桌旁，准备欣赏来自四面八方、千奇百怪的愿望。我们期待着接下来能被哪个愿望击中，好让我们就此获得灵感并展开热烈的讨论，产生一个新本子的创意。那个时候，我们一心想成为国内知名的时间管理文创品牌，魂牵梦绕的都是本子，本子就是我们的全世界。创业过程中灵感的捕捉很难说，开始可能是为了做那件事，结果却成就了另外一件事。

随后，当统计结果以一个饼状图的形式呈现时，我们都沉默了。预期里漫长的下午并没有出现，在那页PPT上，我们看到千万个神灯的主人擦动灯身，许下了惊人地相同的愿望。

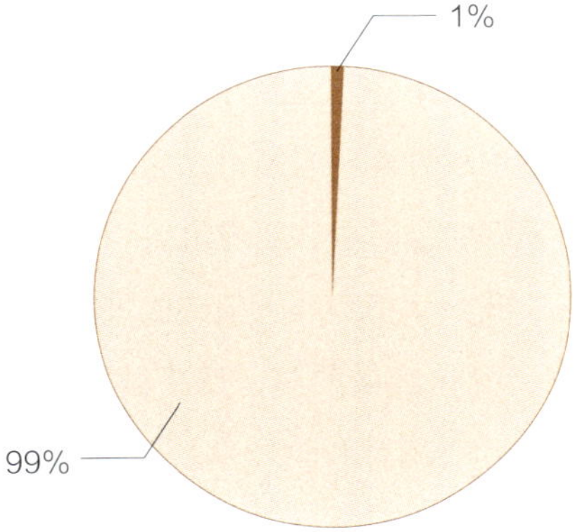

愿望饼状图

整个饼状图的分布如下：

金榜题名、升职加薪、结婚生子、买房买车，这些愿望都被描述得非常具体和确定，占据整个饼状图的 99%。

剩下的是其他爱好类愿望，基本被描述为“希望能有更多时间做某事”，包括阅读、看电影、旅行、运动、唱歌、玩游戏、学乐器、画画、写作、谈恋爱、亲友聚会等，这些加在一起，大概只占这个饼状图的 1%！

显然，我们没能从统计结果中获得任何天马行空的启发，因为参与许愿的所有人想要的人生看上去都差不多，毫无新意。如果要拓展文创品类，倒是可以开发“金榜题名、升职加薪、结婚生子、买房买车”这 4 种项目的深度管理手册。

当然，如果你也使用过趁早效率手册或者愿望清单这样的工具，你一定写下过类似于饼状图里那 99% 的愿望，我也是。我从小在手册上写的都是诸如此类的愿望，比如考试成功。我还会细化和拆分这些愿望，并为实现它们乐此不疲。直到今天，我的愿望清单依然一定会包括公司收入和发展里程碑这些东西。作为时间管理类手册公司的创始人，我本身也必须同时是一个许愿专家。

但是，从小到大，我一直把我的愿望分成了两部分。

第一部分是周围世界让我做的事，似乎做好之后别人和我才都能感到舒适。比如升学和考试，我做好以后我爸妈好像比我更舒适。再比如上班以后的那些任务，我做好之后老板好像更舒适。第一部分愿望确实用去了我的绝大部分时间，但我都非常努力地做完、做好。因为我知道,只有等第一部分基本做到，才能轮到我的第二部分愿望上场。

第二部分的愿望是什么呢？说来也很简单，就是我想要空白、自由，哪怕无所事事。核心就是，谁也别管我想干什么，我乐意干什么就干什么。我可以拿本书在床上从东滚到西看到天黑，也可以一时兴起在家做顿饭，或者出门看场电影、游游泳。不同时期我的偏好还会发生变化，比如一个时期集中用来谈恋爱，另一个时期非常迷恋一部美剧。总之这部分愿望的重点，就是一定要有足够的空白时间是由我做主的，在这段时间里，我要自由自在。

这种状态持续到我二十多岁，但有一天我突然发现，同龄人都在关心金榜题名、升职加薪、结婚生子、买房买车这些事，好像一夜之间他们都变成了大人，都需要按时按量完成一些规定动作才舒适。要说这些事对我来说舒适不舒适呢，不好说，有的舒适，有的就不舒适。但是我很清楚的是，在这套规定动作之外，自由自在对我来说一定是舒适的，而且自由自在的量一旦减少，我肯定又不舒适了。

于是二十多岁的我专门给自己设计了一种本子来用，那时候的行动与其说是为了规划好我这两种愿望，不如说是为了对付第一种愿望。这种本子就是后来的趁早效率手册的雏形。

如果你也是趁早效率手册的使用者，那么你一定熟悉其中的内页设计：在厚本中，每天的早晚区都是空白框，而白天区是常见的横线，每周的周六和周日两天，也都被设计成了大面积的空白框。十年来，每年都有使用者来提意见，说好好的本子，好好的时间管理，内页全都设计成横线和时间轴多好呀，弄这么多空白框是为什么。

这些空白框，就是为了实现一个人的第二部分愿望，就是给自己仅剩的自由时间提供肉眼可见的行使区呀！白天里的横线很可能是不得不完成的东西，即那些做到了会让别人舒适的部分，而空白框才是留给自己做主的部分。

这就是当我，一个曾用心良苦地为第二部分愿望设计这么多空白框的人，看见这个 99∶1 的饼状图的时候，那么失望的原因了。其实空白框的占比在本子中已经很有限了，周一到周五，空白框和横线是按 3∶7 来设计的，3∶7 是我认为在真实生活中我们能争取到的自由灵魂与大概率快乐之间最大的比例了。

什么叫大概率快乐呢？就是指世俗进阶的各项。金榜题名、升职加薪、结婚生子、买房买车，我们每个人在经历时，大概率都会感到快乐。当然快乐呀，努力得到回报，好运气终于降临。但我同时也

2021 Januar

4 Monday
农历十一月廿一
星期一

称得上梦想的事情，大概要有以下的元素：让你感觉有尊严的生活，让你有
此生无憾的体验，最好还能创造出超乎满足个人需求的价值。

本周计划 TOP PRIORITIES

- [ ]
- [ ]
- [ ]
- [ ]
- [ ]
- [ ]

- [ ]
- [ ]
- [ ]

效率手册厚本内页

2021 1月

5 Tuesday
农历十一月廿二
小寒 星期二

MORNING

EVENING

知道，我想要那些自由时间里的自由生活[1]。

第二部分愿望未必能让我获得世俗意义上的进阶，却能让我常常感到快乐，甚至感到幸福。所以十年以来，我都固执地保留着本子里的这些空白框。在本书里，我要用至少一章仔仔细细真正讲清楚这种持久的追求意味着什么。

如果你感觉我说来说去还是围绕本子，还是琢磨卖本子，那你就落后了。我希望你从现在开始，和我一起原地飞升，飞离这些横线和空白框，让我们忘掉本子吧。

洋葱式追问

在公布统计结果——愿望饼状图的那天下午，我就开始忘掉本子了，因为我被随之而来的使用者反馈的问题全面难住。

早在那天下午之前，我已经算是畅销书作家了，靠叙述自己的人生难题获得了一些影响力。在我30岁刚开始写这些人生难题时，使用的写作方法很简单，可以叫作PPT式写作。每当遇到一个问题，我就提出问题，并通过叙述展示产生这个问题的背景，最后一定努力

1　马斯洛在《动机与人格》中描述“自由生活”这种类型的高级需要：从主观上讲，高级需要不像其他需要一样迫切，它们较不容易被察觉，容易被误解，容易由于暗示、模仿或者错误的信念而与其他需要相混淆。能够辨清自己的需要（即知道自己真正想要什么），是一个重要的心理成就；高级需要的发展有赖于低级需要，但最后一旦牢固建立，就可以相对地独立于低级需要（奥尔波特，1955）。

让自己给出解决方案。说是“努力”给出，不仅说明我自己非常需要找到一些解决方案，不然没法往下走；同时也说明我思考问题的能力有限，得使劲想才有结果或者才能理解事情的本质。

后来，人生难题不断出现，我又出版了新书，写作方法已经开始发生变化，当时我称之为“洋葱式写作”——回答难题，但不是一个难题就能对应一个答案或者一种本质，而是需要层层向里剥开，这一层的答案可能藏在上一层当中，真理越剥越明。

再后来，我发现剥开洋葱这个形容不对，洋葱剥到最后并没有核，是空的。但我追问到最后，可是得有核的，有核才能扛得住终极追问。所有的难题都有一个相似之处，即发现难题暂时无法逾越，动弹不得时，卡在当中的你一定就会向自己发问：为什么非要逾越，太难了不逾越行不行？为什么是这条道路，其他道路行不行？为什么要开始，早知这样是不是不如不开始？

我的思维成长方式和大家一样，也经历了从PPT式到洋葱式，到想找到核的过程。

那时我认为一个人的核就是结构，一个人的结构本质上是哲学结构，我还把类似观点写到《三观易碎》里，观点的方向没错，但是弄得高屋建瓴，引导意义就差。这就好比当一个人来问：“我今天的时间管理计划该怎么做呢？”我回答：“这还要从你的世界观谈起。”这种回答就很令人讨厌，显得就我有哲学素养一样。

这种回答都源于当时我没有能力把时间管理问题真正结构化。一个人的核是结构没错，但是这个结构必须是日常可操作的认知，只有这样才能清晰地发挥作用。现在如果再有人问我这个问题，我就可以从这个人的时间分类和行为分类入手，清晰地给他结构化、可操作的模型和答案。和现在比，我当时是“假大空”人生导师，现在算是货真价实的时间管理专家了。

以下这些为当天下午收集的反馈问题，都是“核”的问题，很多问得非常具有针对性和发人深思，我判断这里面就有你曾经想过但没有找到确切答案的问题。如果真的有，就请带着问题继续读这本书，你在后面的章节会找到确切的答案。

问题 1：

我刚开始工作不久，虽然目前的工作我不喜欢，但我知道这是暂时的。我对未来依然抱有远大的目标，也有强烈的梦想，但是这份工作特别占用时间和精力，一天下来我很难再去学习和追求别的了，我应该怎么办呢？

问题 2：

有的人天生就特别爱玩，我觉得我就是这种人。我也同意延迟满足，人应该努力，但是努力太久对我来说就是痛苦，我也觉得背离了我的人生意义。但是我现在也不知道一天应该把多长时间留给玩了，留少了我很委屈，留多了我又焦虑，也不知道一个人应该延迟满足到什么时候才有资格去真正满足，应该怎么安排才是最合理的呢？

问题 3：

我特别爱看网文小说，尤其是玄幻穿越主题的，周末能看一天都不出门，并且能完全代入里面的那些人物，感觉跟着精彩的情节过了好多辈子。我爸妈特别讨厌我这个爱好，说一不挣钱二学不了东西，浪费生命，逼我周末去干别的更有价值的事。我想知道，到底什么算有价值的事？我用自己的时间干自己喜欢的事情，有没有价值？

问题4：

我喜欢每一次阶段性成功的感觉，也这样努力了很多年，几乎没有什么假期，一直很勤奋。但我今年逐渐发现，实现目标后的快乐越来越短暂了，我会马上转向下一个更大的目标，而新的目标实现起来时间更长，难度更大，我才发现我快乐的时间加在一起其实很少。我想知道，制定目标再实现目标这件事的尽头到底是什么呢？

问题5：

我是个职业女性，生了孩子以后，发现家庭和事业之间的矛盾很大，在时间选择上就是非此即彼。而且现在的情况是，陪着孩子时我忍不住看手机想着工作，真出发去工作还是会对孩子心生愧疚，反反复复。我想知道二者兼得的人是怎么做到的，还是说根本不存在二者兼得的人。

问题6：

我拿着一份稳定的薪水，生活算不上好，但也不糟糕。没有什么大志向，平静麻木地过一天是一天。理想是什么？我没想过，也认为和我这样的人没关系。我想知道那些每天全力以赴的人的动力从哪儿来。为什么我没有改变的动力？

独有的错乱

2018年，在形成“五种时间”的理论之前，我出版过一本书——《时间看得见》。严格来说，《时间看得见》更像是趁早文创产品的使用说明书，仔细说明和示范了什么类型的人，在何种情况下，应该怎么思考和使用时间管理的纸本工具来帮助自己解决问题。

同时，我在《时间看得见》的宣传文案中概括了这些问题：

- 不知道从哪里开始，不明白一切是为了什么；
- 梦想时有时无，目标模糊不清；
- 间歇性动力丧失，难以持续专注；
- 虚度大量碎片时间，习惯性拖延；
- 长期自我怀疑，纠结人生方向；
- 莫名恐慌焦虑，周期性情绪化；
- 对恋爱的未来没有期待；
- 反复开始，最终放弃健身；
- 长期分不清是懒还是累。

这些问题在生活中很普遍，更让人讨厌的是它们的散乱和反复。我们明知道自己有这些症状，但是不知道治疗手段，最终成为时间管理能力不足的受害者。

现在，让我们准备好站在“五种时间”的高度来重新看待这些症状，这些症状都归于一个共同的原因：

重大事务优先级错乱

重大事务的优先级不是一直错乱的，而是随着年龄的变化，会出现若干个错乱时期，集中出现在几个人生阶段。

这种错乱很少发生在学生时代。因为在学生时代，就算个体差异很大，我们也都很清楚地知道个人行为的第一个优先级是学习，我们明白一切都是为了考试，目标就是考试成功，简单明了。很多人之所以多年以后对学生时代抱有一种“可疑”的怀念，根本上是怀念那种目标的单一性带给人的执着感。

大学毕业之际，错乱就正式开始了，因为人生道路开始分岔，选择不一而足，有人立刻开始工作，有人要继续学习，有人启程Gap Year（间隔年），有人迅速结婚。立刻开始工作又有几种选择，继续学习也分专业方向和国内、国外教育，如此种种，逼大家在严重缺乏选择依据时，不得不匆忙做出选择。选择一旦做出，命运之路上便分道扬镳。

在选定的道路上开始奔跑时，目标的单一性带给人的执着感其实是治疗这种错乱的良药。然而我们不总是奔跑，会在选定的道路上磨叽，也会停下来歇一歇，前后左右看，一歇一看，优先级错乱就会袭来。你会看到自己和别人的不同，有的人更努力，有的人更轻松，有的人更好看。然后你再仔细一看，便发现这些不同来自你们所做的选择，在你闷头奔跑的时候，他们似乎还花时间做了别的事。有的人是因为每天健身，有的人是因为谈恋爱，有的人是因为刚好进入了时代的快车道。

完了，这时候你错乱了。你低头看看自己走的这条道路，又看看每天仅有的这点时间，搞不清楚自己是应该健身、换对象，还是换个行业了。

我们太容易被人影响了，但这或许不是我们的错，大概是这个时代独有的智能手机的错，因为我们总是主动和被动地在各种社交媒体上看到别人的生活和工作。看到带来比较，比较带来羡慕和嫉妒，这时候人就没法平静了。

我们看见好看的人、渊博的人、富裕的人，便心向往之。我的错乱期也一样，不过我的错乱还要再加上一条。我说过我有两部分愿望，第一部分是世俗成功和大概率快乐的愿望，第二部分是自由且主观的愿望。在社交媒体的催化之下，我糊涂了，有一阵子我所有的愿望都被撑到了第一部分，正是在饼状图中占据 99% 的那些。

于是错乱期的我迎来两个问题。第一个，如果我就是想实现以上愿望，我到底有多少时间？第二个，如果我的时间有限，我怎么判断哪些是我此时真实的追求，哪些是被信息蒙蔽了双眼？

每逢重大事务优先级错乱，人就一定会做“洋葱式”追问。怎样才能做到有效问到最后呢？我自己和“五种时间”线下课都使用了同一种方法，可以做到最大限度地问到最后。

极限情境

在正式展开讲述之前，我邀请你一起来完成这个追问。完成后你会获得一个只属于你的结论，这个结论是我们接下来要做的梳理全书结构的关键性素材。

这个方法我称之为“极限情境”，在极限情境发生时，身处其中的人才会更有可能面对自己内心的真实意愿。

因此我们需要的是一次自我创造的极限情境[1]，一场追悼会预演，我将它命名为“终局判断法”。

此刻你的人生是一张命运地图，你现在在A点，要去往B点，所有的时间管理方法，都是试图在A、B之间连接一条最短的线。终局判断法就是帮助大家锚定A，寻找B，而找到B非常关键。尽量明确B不仅能解决当下的错乱，还能够解决我们未来大约80%的疑惑。当我们情绪崩溃或经历跌宕的时候，它会让你记起来原本的方向，会让你在每一次做出重大选择时，不背离自己的优先级。

关于终局判断法，我把它分为两个步骤：第一步用“人生起落图”回顾前半生，锚定A；第二步用“追悼会策划表”探索后半生，寻找B。

1 外界环境力量作用在我们身上的过程，在心理学上被称为“影射”（priming）。在极限情境中设置文字、画面、音乐、互动，让它们成为感官线索，在意识和潜意识两个层面对我们的行为产生影响。

人生起落图

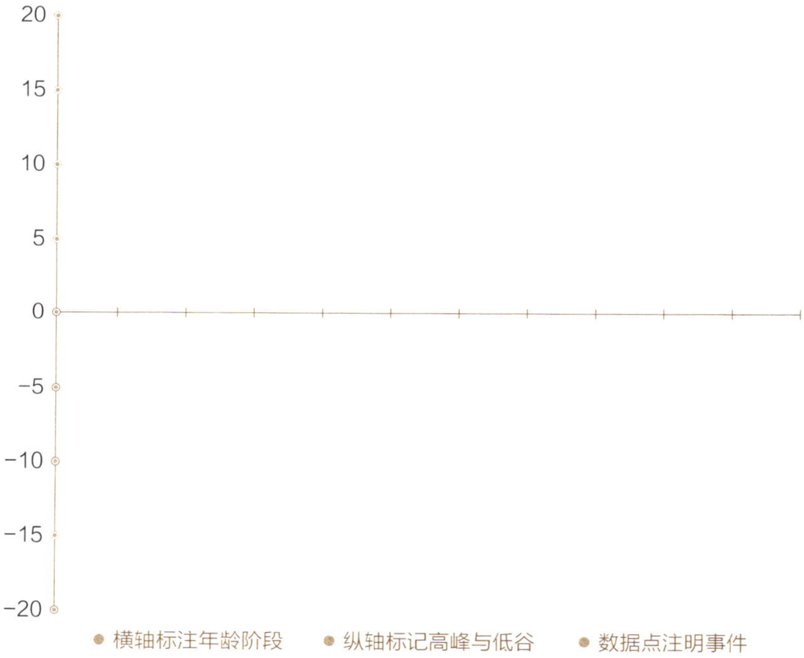

人生起落图

人生起落图是一个直观图表，用以回顾你的人生轨迹。横轴是从出生至今你的年龄，可以根据当下年龄来界定一格代表 5 岁还是 10 岁，纵轴是你的人生状态，上限是巅峰体验[1]，下限是绝望低谷。

1　马斯洛对巅峰体验的定义是人生最美好的时刻，是瞬间强烈的幸福感。常见于创作的喜悦、美好的爱情、完美的性爱、亲子间的关怀、自然分娩以及其他众多体验。

假设一个人一生的巅峰体验是20分，绝望低谷是–20分，你需要回顾和标记自己从出生到现在历经的波峰、波谷、嗨点、沸点、燃点、颓点，那些你感觉极好和极差的时刻，然后把对应事件标注在相应的位置，最后连接成一条曲线。这条曲线，就是迄今你的人生起落。

人生起落图的意义在于：

1. 记录每一个决定性瞬间，清楚掌握前半生的因果关系，你曾因为什么样的决定，收获了什么样的结果；
2. 看清你的得失感受都取决于什么，哪些事曾让你狂喜，哪些事曾让你愤怒和悲伤；
3. 观察你目前所在的位置、你的情绪和所处时期。

我们就从这里继续开始。

追悼会策划表

绘制完人生起落图，我们就短暂地获得了一个俯瞰自己前半生的视角，而后半生，我们继续寻找我们的志向、远方、所爱、所求。

如果说时间可以解决一切问题，那么当下问题的答案会写在未来。让遥远未来的自己审视今天的决定，才能分辨出重要性和急迫感，那些纵然时光倒流还是会做的事情，就是今天需要的答案。解决

追悼会策划

The Funeral Preparations

生卒年

每一个人都有一个确切来到世界的时间，请假设你消失的时间。

—

本份策划你将嘱托给谁？

需要在你可信任的人里，托付一个在当天能够执行这份策划的人。

你希望现场用哪种鲜花装饰？

它的样子、它的颜色、它的芬芳，对你来说有独特的记忆。

你希望在现场播放哪首背景音乐？

人生像一场漫长电影，那么它应该有一首主题曲。

你希望如何处理你的社交账号？

存留于互联网的记忆，那是存在过的痕迹和证明。

你会选择什么方式和重要的人告别？

是写信还是亲口讲，还是录制一段视频？在你离开后，等待他们去看，抑或是不告别？

邀请名单

一生遇见的亲人、爱人、朋友、同事中，你希望谁来参加你最后的仪式？

追悼会策划表

追悼会策划

The Funeral Preparations

你的生平

纵览你的人生，你希望自己的生平是如何书写的？

__________ **是一个** __________

家庭中， __________

工作中， __________

一生中， __________

获得了 __________

我希望我的生平由 __________ **朗读。**

墓志铭

请写下你希望刻在墓碑上的墓志铭。

今天的问题，需要用未来的视角，因为那看似用不完的明天，总有一天会用完的。

我们可以通过填写“追悼会策划表”获得未来的视角，可以跟随音频引导，完成追悼会策划清单。在“五种时间”课程的现场，这部分都是由我在烛光和音乐模拟的极限情境中引导大家完成的。因此，在正式进行追悼会策划表答卷之前，希望你最好做到如下准备：

1. 请留出 1 小时的完整时间，比如在静谧的晚上；
2. 找到一个独处的空间，可以关起门，关掉手机，拒绝可能的一切干扰；
3. 条件允许的话，你可以关掉灯保持房间黑暗，同时点燃你喜欢的香薰蜡烛；
4. 准备一些你喜欢的钢琴曲或轻音乐[1]；
5. 最后，跟随音频引导，完成这份追悼会策划表的填写。

希望大家能极度认真地完成这份答卷，那么在追悼会策划表的答卷中，我们会获得一个“站在未来看今天”的角度。有了“终局判断”，才能思考今天的“有所做”和“有所不做”。这份答卷将是你的一生会如何度过的重要参考文件。

1 比如保罗·卡达尔（Paul Cardall）的专辑《新生活（*New Life*）》。

这份答卷上的一切，都会帮助你无限地接近目标B，请你尽最大可能书写最真实的愿望。只有在这样的极限情境下，你写下的才是最接近内心需求的愿望清单——从一生的维度来看，什么最不可或缺，什么是矢志不渝，拼了命都要去实现的。在未来，当重大的挫折袭来，当你遭遇自我怀疑或者有人离开，当你再次思考一件事情该不该、是不是、能不能的时候，拿出这份追悼会策划表，再次仔仔细细阅读。

我在做人生中的几次重大选择，包括认为自己跌到人生谷底时，都使用了终局判断法与自己对话，再次确定对我来说长期的价值是什么。比如是否创业，比如是否生育，比如是否开始第一本书的写作，比如是否承担更大的风险，这些都经由多次观察我的“追悼会策划表”而得出了答案。有了那些很早就认定想做的事，之后的整个人生都会为此积累力量。

这一份追悼会策划表，就是属于每一个人的“借假修真”之旅，“真”是你刚刚写下的生平描述，在极限情境中，是它们来到你的脑海，带给你震撼和启迪，让你知道体验过它们，一生才得以圆满殷实。这些生平背后，是你赋予此生最值得活的定义。“假”是你为了最终抵达那里所不得不经历的一些东西。你可能要考试，煎熬，等待，度过很多漫长的黑夜，学会一些很艰深的技能，和一些很奇怪的人说话，记下蒙受的羞辱。但你知道哪里有要取的经，谁是路上遇到的怪，也知道此刻不具备技能、不经过交手就过不了这个关，很难，但这统统是“假”。

再请你仔仔细细阅读你写下的生平，这是此刻最真实的你日后要抵达的地方，即所有的B。人生的本质，就是追悼会策划表上你填写下的这段时间。时间管理，就是如何利用此生有限的时间，让自己到达那里。

左侧是追悼会模拟策划环节的引导音频。

请打开微信，扫描二维码，进入“趁早”公众号，回复关键词“极限情境”，即可获得追悼会模拟策划环节的引导音频。请在作者王潇的语音引导下，完整填写你的追悼会策划表。这部分练习的完成将作为整本书的阅读基础，也会成为你成长中的重要文件。

想要一切

在“五种时间”后来的26次线下课程里，每次都有100~200名同学参与完成追悼会策划表的答卷。在烛光与黑暗中，我和团队成员总是听到大家填写时的轻轻抽泣，也正是在这些答卷中，我们终于见到了和趁早效率手册许愿池中区别显著的答案。愿望清单中出现了显著的比例转移——大概率快乐的目标不是缩小了，而是演化了，被每个答卷人在一生的目标和生平中用其他词替代。

在一生的维度中，大概率快乐的事发生了这样的演化。

考试成功，被描述成“精通一个专业，并成为这个领域中的高手”。

升职加薪，被描述成“做着有价值的工作，得到很多人的认可和尊敬”。

结婚生子，被描述成“付出很多爱，也得到很多爱，体验爱的温暖与珍贵”。

有意思的是，“买房买车”等具体愿望在答卷中几乎完全消失了。当大家从一生的维度来看时，车似乎已不在临终回忆里，而买房的意向变成了体会爱与温暖的介质，具象的愿望褪去了。

我们还观察到，关于钱的目标都不是孤立存在的，而是和有关自由的描述放在了一起，“有足够的钱让自己自由地生活，做喜欢的事情，和爱的人在喜欢的地方生活”。

和年度效率手册中的愿望清单区别最大的是，几乎在每个人的追悼会策划表的生平描述中，我们都看到了我所说的第二部分愿望——自由自在。

旅行、健康、爱好、亲友相聚、私人的好时光，那些在年度愿望里仅仅被描述为“希望能有更多时间去做某事”的占比1%的事，在追悼会策划表里大量出现了。也就是说，当我们意识到仅有一生，时间有限时，每个人都懂得抓住自己认为最珍贵的事情。

虽然每个人对珍贵的定义各不相同，但我们在答卷中看到了人们这一生内心深处想要的究竟都有什么。其实很多世俗意义上的成功，都原本是获得这些珍贵事物的桥梁，桥梁当然不是珍贵事物本身，但我们既要珍贵事物，也要桥梁，我们根本就是想要一切。

用有限的时间去换一切，当然很难，但是我们有办法做到。那就需要从现在开始，把时间看成你的资源，分配到各个目标B里去。你还需要对写下的所有目标B做排列和归纳，看从哪里开始做起，因为整个“五种时间”之旅，就是从对目标B的分类开始的。研究按照需求应该从哪里开始展开行动，这些持续的行动会形成你的结构、你的质地。

正如这本书的名字，接下来，从第二章起，我们日常所从事的事务都可以被分成五种时间，它们分别是生存时间、赚钱时间、好看时间、好玩时间、心流时间。它们有各自清晰的分类和定义，也有着规律性的进阶关系。这本书将为你全面分析和讲述它们的操作方式，引导你建立起你的结构，当你完全了解和应用之后，你就掌握了时间管理的全部真谛。

“五种时间”首先是一种全新的时间分类法。它把生命中所有需要和可能从事的事务分成了五种，可以快速有效地帮助你辨认眼下所做的事情究竟属于哪种时间，以及会给你带来什么样的影响和结果。辨认当下，是一件非常、非常重要的事情。

“五种时间”还能够清楚地告诉你，表面上相同的行为对应到每个不同的人身上，完全可能分属在不同的时间之中，它可以给你崭新的角度去思考时间的分配和选择。

最重要的是，“五种时间”可以用花园模型展示出每一种人生都是按不同需求排列组合后的结果，你选择何种花园模型，你就会获得何种人生。同样，你想获得什么样的人生，你就需要搭建什么样的花园模型。

“五种时间”会帮助你获得信念与方法去选择未来。

在这里，你需要相信一些基本的因果关系，比如想要秋天的果实，必须在春天播下种子。所有繁茂的花园，都曾经萧瑟平静，还没发生的，都可以即将发生。

There is no time for ease and comfort. It is the time to dare and endure.

by Winston Churchill

现在不是安逸和享乐的时候。
现在是奋斗和隐忍的时候。

——温斯顿·丘吉尔

02

生存时间 运动员密码

我们的祖先和动物一样，从出生起，就跌入了周而复始的生存时间当中。我们躲避危险，追逐食物，寻找同类和族群的庇护，精疲力竭地整日奔走，为求一夕安眠。在饱足和晴朗的日子里，在躲避和追逐的间歇，我们获得过一点点快乐。

进化到现在，除了睡觉、吃饭和走在路上的时间，我们会发现自己在大部分时间里依然在忍受这个世界。在适应和克服之前，痛苦接踵而至，让我们感到既无能为力又疲惫。

当我们看到有人可以缩短和跨越这种忍受的长度时，就更加深陷迷茫之中。为了缓解嫉妒和失衡，我们甚至还接受了“命运发牌”的比喻。我们会发现，一切似乎真的取决于命运之神的发牌和洗牌，忍受痛苦的强度和周期并不由我们决定。但又听说就算在这种比喻之下，命运之神也只负责发牌、洗牌，玩牌的人是我们自己，不能拿到好牌的话，就要仔细研究怎么打好坏牌。据说一张牌改变不了结果，关键在于是不是可以根据现有的牌形成一套战术，围绕其中最好的牌能不能打出一番排列组合。

还好，“五种时间”不从运气和等待发牌的随机性角度来解释生活。

在成长的岁月里，总会有人走过来对你说：“算了吧！世界就是这个样子的，你就好好过你的日子吧。”你将信将疑，于是向对你说这话的人身后看去，发现他们的生活的确是这个样子。可是，明明在很多瞬间，你感觉自己被朝其他什么方向的力量推了一下，虽然那个力量微弱而模糊。其实，你想听听那些生活不是这个样子的人会怎么说。因为你知道，一旦你听他们说了，一旦你看见了想要的东西，就无法再假装今天和昨天一样。

很多问题在特定的时间段是无法快速想明白的。生存时间就是这种典型的时间段，因为在生存时间里除了忍受、等待还有失败。多年以后，你才会知道，失败意味着认知还不够多，时间还不够久，而你还有理由再来一次。也许要经历三年失败中的极度怀疑才有三年后的信心万丈，但你说你担心坚持不到那个时候了。

回顾我们所知的故事，所有的胜利都因为曾经不够强大，来自缺乏和不满足。只有万事俱备时才能获得的成功，也没有资格叫作成功。所有挑战达成的基础都是资源的缺乏，当初的挑战者正处在与我们同样的生存时间之中。

生存时间的可怕之处还在于，假如你不去逾越它，它就会反过来占据、消耗和毁坏你的生活。但我们不必怕它，只要我们未来还有时间。毕竟时间是个用来计算变化的单位，时间不是用来等待的，而是用来迭代的。

什么是生存时间？

生存时间是五种时间中的一个时间分类。

从字面意义来看，生存时间就是一个人为了生存所用去的时间。

吃饭时间和睡眠时间是生存时间最基础的范畴，为了保证生存，所有人必须保障吃饭和睡眠所用的时间。它们大约占据你每天时间的1/3，但是按照先天遗传和后天养成的作息习惯，每个人占用时间的长度也并不相同。

不过，在一天中基本无法摘除和挪动的时间中——吃饭和睡眠，可能有更大比重的生存时间，是你为了生存必须用去的，你可能从未从这个角度去计算和觉察。

"五种时间"体系对生存时间的定义是：大多数人在人生的大部分时间里，因为自身能力不足和外部条件的限制，无法做到主动选择而被动处于的时间分布。

为了更好理解，我们对生存时间做一下简单分类，生存时间可能出现在以下几种人生阶段中：

1. 被安排时。当你还没有能力为自己选择的时候，你生活中有能力的人（比如你的父母、前辈，关心你感受的人，希望你安定的人）会帮你安排好职业和人生道路。他们很可能替你选择你不喜欢的行业和职位让你先安定、生存。这种情况在就业之初经常发生。一段时间之后你发现，你丧失了目标，也感受不到职业中的快乐，但你又不具备离开和转变的能力。这时你被卡在原地，又不得不付出时间和快乐去完成眼下的工作。这份工作所占用的你的时间，就是生存时间。

2. 能力不足时。你的确主动寻找新的行业和新的工作了，但就目前就业市场的情况来看，你发现其实没得选。比如你参加了 50 家公司的面试，只有眼下这份工作录用了你，你的日程是每天早上 6 点起床吃早饭，8 点到达公司，一直到晚上 6 点下班之前，你既没有自己的时间，也做不到真心享受这份工作。在工作期间，你不会感觉到忘我的沉浸和投入，只有煎熬或混沌。你发现付出的这段时间对你来说除了工资没有更多的意义，没有它你甚至会过得更快乐。但你现在为了生存，只能先把这段时间兑换出去，这也是生存时间。

3. 处于行业起点时。你按照自己的兴趣和志向找到了喜欢的行业，也顺利通过了面试，但是你发现只能从学徒、实习生做起。行业的初级阶段工作和你的想象区别很大，分配给你的工作处于末端而琐碎，你接触不到核心内容、核心人员，也没办法参与任何决策，熬夜加班更是常态。你已经这样工作了很久，感到晋级之路遥遥无期，这也是生存时间。

4. 晋级之后。你用了两年时间，熟悉了岗位，完成了项目，能力终于被看到，外部环境和你自己都选择进阶。于是你升了一个职级，或是跳槽到另一家公司，接受了更大的挑战，带了更大的团队。你发现，题越做越难，你需要重新获得客户和上司的赏识，团队需要重新训练，你又要重新证明自己足以胜任、有价值，挨过煎熬。又三年之后，你发现转型期、瓶颈期和倦怠期会再次出现。你又陷入不确定之中，重新拥抱焦虑。你发现，明明是你主动选择的，真正经历起来却如此被动和痛苦，这还是生存时间。

我年轻时常有一个错误认知，以为总有那么一天，当自己终于变得足够强，世界待我就能如清风拂面，万般皆好，生存时间可以完全逾越。但自跨越为高考努力学习那段最典型的生存时间至今，我经历了进入大学、毕业求职、获得第一份offer（录用通知）、转正晋升、完成项目、创作发表，每个阶段都存在对应的漫长时期，其中充满煎熬和不确定的等待。

“我的人生不会就这样了吧”是我在生存时间中会反复问自己的一句话。我的内心充满了恐惧，担心自己会被永久卡在这里，无法逃出生天。

当我在十年间循环经历了至少三轮的生存时间之后，我知道了两件事。第一，时间的确是个用来计算变化的单位，只要持续采取行动，不存在被卡住的情况，改变一定会发生；第二，即使逃出了生存时间，也是暂时的，还会进入新的生存时间去忍受煎熬。舒适永远是相对的，而困难永远是绝对的。逃出，意味着去往更高的地方经受考验，题永远越做越难。

回首往昔，生存时间简直连绵不绝，我一直都忙于埋头过完自己的坎，相似的感受重复袭来，一劳永逸从未出现。

如何判断自己是否处于生存时间？

五种时间的一个好处，就是可以对当下所在的时间快速辨认和分类，从而弄清楚随之出现的情绪是怎么回事。比如生存时间当中总是充满负面情绪，当下一次你的负面情绪袭来时，如果你用最短的时间识别了它，就可以做出一些应对。当然你只能辨认情绪，并不能摆脱它，真的摆脱了情绪，就出离了过程。没有了痛苦，你就无法创造和改变。

为了实现快速分类，书中每章都分别展开叙述这五种时间的特征，也从感受、过程、结果出发，总结“五种时间”各自的判断原则，它们可以帮你更准确快速地觉知自己的时间分布。当你下一次感觉憋闷和无望，怀疑自己处于生存时间时，可以参考是否符合以下的情况：

> 你感到选择受限，充满挣扎或煎熬；所做事情没能进入正向循环，也暂时无力改变？
>
> 整个过程被他人选择和推动，有傀儡感；经历漫长的等待；方向模糊，常有时间被充斥的感觉而非充实感？

如果对比完以上状态，你判断自己的心情差确实是由于处在生存时间中，接下来的一步就很重要，你需要再追问自己一个问题：是在主动生存时间里，还是在被动生存时间里？或者说，这段让你感觉很难、很痛苦的生存时间，是被迫来到这里的，还是自己主动选择的？

我们再来回顾一下生存时间四种情况的举例，被安排时和能力不足时，都属于被动生存时间。而处于行业起点时（你主动选择的行业）和晋级之后（你自己争取的晋级）则在主观上发生了本质的变化，是因为你的能力不断增强，已经不满足于原来的位置和状态。做出主动选择而带来的适应期，属于主动生存时间。

可以说，被动生存是“能力不足，任人安排”，主动生存则是“主动争取，直面挑战”，二者同属生存时间，但有本质上的不同。你的心境会有明显的区别，处在主动生存时间之中的你，在受折磨之余其实十分清楚，面前这个更难过的关卡、更难打的怪兽，就是你曾经盼望的未来。

当我觉知自己正处于生存时间中时，首要任务就是从被动生存走向主动生存。

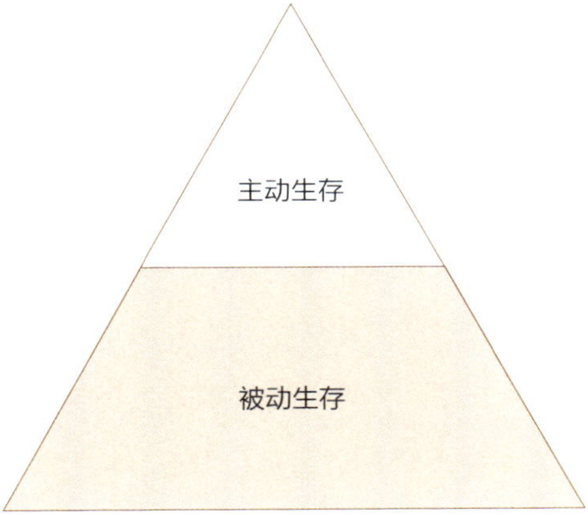

从被动生存到主动生存

在我做第一份工作时和在创业之初，我对被动生存时间和主动生存时间的区别感受很明显。

我大学毕业后的第一份工作是在电视台播新闻，主要工作内容是化好妆，对着摄像机念新闻稿件。我不能决定自己什么时候念，也不能决定自己念什么，在工作时间甚至发型和服装都是被规定好的。在这种情况下，我感到这份工作对我来说是种巨大的煎熬，具体表现在我认为我有个脑子，但是这份工作不允许我用。当我向前展望 3 年、5 年，发现未来的改变最多是在更黄金的时段念更重要的新闻稿件的时候，我感觉丧失了对未来的期望，人生方向也不清晰了。最难熬的是我感觉被困在了这个行业、这个职业之中，我不知道凭借我的专业能力还能做什么，因此，我感到无力改变自己的前程。

这是一个典型的被动生存时间，而我来到这个生存时间的原因，是我在 18 岁的时候选择在大学读了这样一个专业。这份工作是大学专业的延续，而有限的技能和机会困住了我，我被自己先前的专业选择推到了这里，于是被动地在这个行业里生存着。当时的我需要考虑清楚：我是为了四年大学不白读而继续干这一行，还是为了未来 40 年能找到一个更适合的方向离开这一行？后来，我选择主动离开这一行。当然，选的时候我还不知道，更艰难的生存时间开始了。

经历了转换行业和考研深造之后，我在 30 岁时开始创业，初期业务是做商业活动的策划和执行，但业务来源非常不稳定。一段时间没有订单后，业务陷入了停滞，我随之也陷入了巨大的自我怀疑。创业是我主动承担的风险，而那时的我只能被动地被市场拣选。经历漫长而不确定的等待。为了企业的生存，我甚至承接宣传页制作和名片制作的业务。即使我非常清楚地知道，需要找到方法和入口让业务发展进入正向循环，但为了生存，我却几乎把所有的资源和时间精力，都投入到做宣传页和名片上去了。

我有几个印象深刻的人生低谷画面，其中一个就是在富丽堂皇的宴会大厅后阴暗破旧的送货通道里，我正蹲在地上一个一个地粘贴开裂了的手提纸袋。为了保证收入，我承接了一个商业活动的印刷品制作工作，而恰恰在活动开始前，我发现手提袋竟然有很多已经开胶了。我汗流浃背地粘贴着纸袋，心里又响起了那句话："我的人生不会就这样了吧？"

事实证明，我的人生确实不会就那样，原来除了粘贴纸袋，后面还有更艰难的时刻。因此，当你发现身处其中一个人生低谷画面的时候，也不要着急，告诉自己这是生存时间，只要耐心等待，后面还有更艰难更丰富多彩的时刻呢！谁的饱满人生没有几个印象深刻的人生低谷画面呢？

当现在我有能力回看时，我会像智者一般知道那时的我正处在一个典型的主动生存时间里，生存的考验带来了前所未有的压力。每个从零开始创业到拥有稳定客源、实现收支平衡的人，都要经历一个主动生存的过程，这个过程就是要找办法应对情绪，同时积极寻找生存下去的解决方案。

当然，此刻在写作的这个我，早已经逾越了在电视台工作时期和初级创业时期，但又让自己处于新的生存时间当中。现在的我看待以前的我，与未来的我看待今天的我是一样的，就像高级别的自己坐上时光机去看低级别的自己在游戏里打怪，都懂，但是帮不上忙，知道那时那刻是必经之路，也只能靠自己了。

生存时间就是这样的一种时间分布存在——占据了人生最大的比重，也不会永久消失，只会被阶段性地跨越，然后再以其他面貌重新出现，生存时间的痛苦就是人生的底色，让人对比出其他时间的快乐。

认识到生存时间的这种特点，我们就需要追求逾越它的能力，才能摆脱被动的枷锁，那么生存时间的完整概念还应该加上一句描述。

大多数人在人生的大部分时间里，因为自身能力不足和外部条件的限制，无法做到主动选择而被动处于的时间分布。我们的目标是，逾越一个又一个生存时间。

这样，我们对生存时间更完整的认知应该是：我可以忍受，但暂时的忍受是为了终将打破现状；我可以摔倒，但为了逾越，我摔倒也要往前摔。

应对被动生存时间，你要怎么做？

除去吃饭和睡觉，被动生存时间占用你一天的时间越长，你就

越低落，越没有时间展开其他行动，当你通过自查发现自己正处于被动生存时间时，你需要启动两个动作：

应对情绪，并觉知自己当下的位置

在被动生存时间中，人的情绪是压抑的，思路是迷茫的，因为大块时间被捆绑，一天中整体效率低下，被大脑边缘系统操控产生的这种负面情绪非常正常。当你读到这里，你便了解到生存时间是个必然存在。在下一次感到情绪很差，感到压抑和被动时，你要理解并知道，你现在处于生存时间之中。你会知道人在这段时间里可能就是会不快乐，但你应该马上告诉自己，眼前这个阶段不是永久的，可以解决也可以逾越，接下来不是沉浸在压抑中，而是展开让自己逾越这个阶段的行动。觉知情绪是控制情绪的前提，一旦产生觉知，就可以解决生存时间带来的大部分情绪问题。

生存时间就是逆境本身，没人可以绕行。识别逆境，稳定情绪，缩短被动生存时间，开启主动生存时间。这大概就是应对生存时间的二十四字方针。

完成他律任务，变被动为主动

在这里，要明确一个概念：自律的反方向不是懒惰，而是他律。生存时间，就是典型的他律时间。你明知自己不喜欢也不想做这件事，但是没有办法，出于生存的原因，你已经把你的时间兑换给了他人。这个“他人”可能是任何一家单位或者公司，也可以是你的客户，甚至是你的亲人。当这种兑换以劳动合同的形式交付的时候，可以残酷地说，你把你的时间、智识、精力和机会成本，都出卖给了合同的甲方。与此同时，你感到事与愿违，所走的道路与自己的人生追求相隔越来越远，你清晰地知道，这段时间之内你做的事情和增加的能力，完全不指向你在“追悼会策划表”里为自己写下的饱满的生平。

那么，让我们正视他律的现实，既然你已经把这段时间出卖给了别人，你的目标应该很简单：高效完成他律任务，为主动生存争取时间。

如何缩短被动生存时间?

序章中提到，时间管理随生产力迭代，是一种“进化”的过程，不是“完全替代”，现在你就可以根据自身所处的不同阶段搭配使用时间管理方法。清单法诞生在机器大生产时代的欧洲和日本，在工业化极速发展的时代中，绝大多数人的工作都是以“他律”的形式来呈现的，相应的时间管理方式也对应着生活中不同的层级，用对层级，可以发挥极大作用。

这个古老的时间管理法虽然不能解决“价值”的问题，但是在被动生存时间里，它可以解决“效率”的问题。

清单法作为古典时间管理的代表工具，是最简单、最容易上手的工具。可以说，开列清单与勾选是时间管理体系中最基础的动作。在他律时间中，这个方法非常好用。面对反复出现的被动生存时间，使用清单法是首先要掌握的重要的技能之一。

“清单法”在被动生存时间中的应用

1. 减轻焦虑

在他律中的人往往是焦虑的，尤其当你还抱有很多对自由时光的奢望时，他律中不得不做完的事务和符合你自己意愿的事务开始混淆不清。为了有效帮助自己，你需要把被动生存时间中的事务归纳在同一个清单中。为了让自己不压抑，情绪稳定，获得自由，你现在应该只关注这个清单的待办事项，目的只有一个，尽快按要求做完，缩短其所占时间。

清单在手，当你写下要做的每一件事，闪现的每一个想法，用清晰的条目一一陈列，你的头脑会由一团混沌变得无比明朗。你不再因为事情堆成一团而无力，你量化了所有的他律。

2. 专注当下

清单可以让你在不运用宝贵工作记忆的情况下，记住大部分的任务。

只要你开始使用清单，它就像一个外脑，暂时帮你存储当下不重要的信息，允许你的大脑全速运算目前正在做的这件事，你会获得更为专注的能力。而每一个列于清单的事项，就像一张航海图上的坐标，沿着清单规划的线路，一个个坐标得以抵达，你会更有效率。

3. 摆脱他律

“自由”这一观念在西方哲学里一直有两方面的内涵，其一是自主决策，其二就是自我节制。清单法开启一种“主动选择”的行为方式，是自律的初级表现形式。

康德所说的“自由即自律”，是一种高度概括的表达。“时间管理”的终极目的，是实现自由意志。自律是去往自由的通道，通过自律可以获得更多时间与机会主动权，它的意义并不只在于自律本身。当你自己不能做到强有力地规划和把握以至于达到自由时，就会有别人规划你、占据你，要么依附于他人，要么被他人管制。

自律从来都是很令人讨厌的一个词，但当它站在他律面前时，就变得可爱起来。人的根本追求是释放天性，自己做主，自由自在，但他律是被别人管理和约束，显然背离了人性，所以让人不舒服。列清单、做计划和打钩，这些小动作看似日常，但一定是为了逃离他律的可能性在努力，是人的追求和抗争。你甚至可以认为这种行为已经具有了高级的人类精神追求和哲学层面的意义。

4. 总览全局，拆解目标，设定里程碑

在被动生存时间中，你最好的选择，就是做一个毫无感情的做任务机器。如果想又好又快地做任务，清单必须成为这个机器的组成部分。当你为项目中的所有待办事项列出清单，就已经把一个大目标

拆解成若干小目标，小目标就是清晰的里程碑，无论是看起来多么遥不可及、庞杂的事项，在你这里都被有序拆分完毕。纵然身处他律中又怎样呢？做咸鱼，也要做咸鱼里最咸的那条呀。

5. 打钩的快感

把扑面而来的任务一个个消灭，做完就打钩，看着它们由多变少，统统消失，打钩会是生存时间中为数不多的一大乐趣。当你完成了清单上的一件事，无论大小，你会获得很确定的完成感，即便它不令人愉悦。

我们的每一个经验都在改变大脑的连接方式。打钩这种特定行为会刺激大脑释放多巴胺，增强是多巴胺浸泡神经组织的结果，它会使神经成长，变得更强壮。如果某一序列的动作产生了想要的结果，该序列动作所基于的神经组织就会经历生化反应，相关的神经结构就会被加强。

当这种打钩的行为模式一次次重复，慢慢地清单会出现它特有的正反馈。先前写在清单上的事项逐一被完成，那你会知道未来写下的每一项也将如同以往得以实现，你会形成对时间和任务的“掌控感”，这时，生存时间中的压抑和无力感会渐渐消失。

如何使用清单法？

1. 确定清单介质

不要使用会随手丢掉的小纸片（那样的话你的时间管理水平就

退回了上古时代），你可以选择一本效率手册或者任何一种笔记本，也可以选择使用线上云笔记。

2. 开列清单条目

每天用开始工作前的 5 分钟开列今日待办清单。

3. 确定优先级

一开始可以使用最简单的，也是效率手册一直推荐的方法——写下“每天优先的三件事”，这三件事是你今日必须完成的，且优先级最高的事情。如果在完成这三件事的过程中，遇到其他的琐碎事务、突发事件，统统记录在清单的最后，在这三件事完成之后才处理，减少任务间的切换次数，让你的注意力得以集中，因为效率最高是我们的目的。

4. 执行

开始做，做完它，为每一项完成事项打钩。

如果你现在认识到自己正处在被动生存时间中，那就强烈需要清单法的训练[1]。

---

1 拓展阅读：《清单革命》[美]阿图·葛文德，《高效清单工作法：聪明人的无压时间管理手册》[美]达蒙·扎哈里亚德斯。

必须从被动生存走向主动生存

在真正的时间管理当中，不能奢望用局部方法论解决整体问题，而人生恰恰是一个复杂的整体。比如被动生存时间中人的目标是“缩短”时间，而在主动生存时间中，人的目标就变成了“逾越”。我认为这一节是本书中很关键的一节，因为这种逾越在我自己身上、在趁早用户身上印证得最多，也为很多人带来极大的改变。这节我们来研究如何通过“主动生存”突破和逾越生存时间，达到下一个赛点。

那些过时的方法

首先需要研究清楚，在主动生存时间里，哪些时间管理方法不好用，很难帮你逾越现状。我可以明确指出，GTD法、时间轴法、时间四象限法、清单法、番茄工作法、“吃掉那只青蛙”法等所谓的“效率提升”方法，在这里几乎都会失效。

或者说，只要你还沿用那些帮人把事情高效做完的方法，你就还滞留在被动生存时间之中。因为，你所做的还是在想方设法解决他律带来的各种问题。想要逾越，行为就需要指向未来，指向逃出生天的某个场合和某个时刻。未来根本不可能蕴含在旧的捆绑之中，想要新未来，就要重建新秩序。爱因斯坦说：“问题不可能由导致这种问题的思维模式来解决。”

当你处于生存时间中时，你就需要告诉自己：旧秩序是用来完成的，不是用来管理的，用旧秩序无法开创新未来。那么，我们就要用“五种时间”独有的方法论去解决逾越生存时间的问题。接下来这一节送给你，也送给我，送给每个想在命运中晋级的人。

觉知和抚平情绪，走向主动生存时间

只要处于生存时间之中，我们永远要首先解决自己的情绪问题。在绝望、麻木、迷惘之外，我们尤其要避免报复性情绪触发的行为。

在生存时间之中，当你熬过了大量时间被别人占据或者没有进展、无可奈何的一天，终于获得了几小时的自由时，一定不可以做的是——报复性地躺着，不作为，吃东西，刷手机，看剧，任由时间流逝，以为这就是自己一天中重获的自由。你拥有的不是自由，是时间被捆绑后的情绪反弹，是报复性地挥霍时间。

因此，当下一次你感觉自己被困在人生的某处，求而不得缺乏出路时，请马上觉知这种情绪，并在第一时间告诉自己：“我现在心情很差，我知道这是怎么回事，因为我处在主动生存时间里。这是我之前自己选择的道路，我知道生存时间会周期性地出现，但它是用来克服和逾越的，而不是用来沉沦和被卡住的。我现在需要按照‘五种时间’这一立竿见影的体系，让自己行动起来。”你要清楚地知道，当情绪到达低谷时，最好的解决方法就是马上展开行动。

运动员密码：向运动员学习逾越生存时间

人处在低谷时，会生出强烈的渴望，会极力思考在哪里可以求得解决方案，可以获得帮助。我们也会发现，历史上处于低谷期的伟人，会看更早的伟人传记，寻找隐藏在其中的密码。也许是在至暗时刻遇见了一个人，经历了一件事，又做出了一个决定，才扭转了历史和命运。

那么当你处在主动生存时间之中时，你应该参考谁的思考方法和行为呢？有没有什么人经历过阶段性的主动生存时间，但又持续逾越得很好呢？有什么样的行为和逾越手段特别值得你效仿呢？

当我们仔细地观察和研究这个世界，看看到底什么群体经常处于主动生存时间中，且总能够意志坚定地克服时，我们发现了两类人：战争年代的军人，还有和平年代的职业运动员。

让我们看看运动员，这是一个多么奇特的职业和群体啊！他们选择了某项运动，就是选择了每一天都生活在主动生存时间之中，因为他们不论是否身在竞技场中，每天醒来、睡下都是为了逾越现在的状态，不断寻求晋级。他们日常的每一次睡眠、每一餐饭、每一次训练、每一场比赛，都是为了一次又一次逾越生存时间赛点，进入更高的领域去角逐输赢与排名。一切都只为更高、更快、更强，他们生活在极致的主动生存时间里。

如果说和平年代的我们想参考谁去逾越生存时间，那么我们最应该学习的群体，就是运动员，而运动员只做 5 件事。当你情绪低落，觉得人生暗淡，挑战无望，停滞困顿的时候，首先你要觉知情绪，其次，请在笔记本上今天的日子旁边写下一个“5”，这就是“五种时间”中的“运动员密码”，请再一次提醒自己——运动员永远在争取晋级，永远在做这5件事，我也是。

密码1：运动员了解自己，包括自己的天赋、身体素质和在专业领域所处的位置

运动员对个人天赋、技术和身体能力的了解，是极其细致的。

在深入这个项目之前，他早已全方位地发掘过自己：是协调力好还是核心强？更擅长耐力还是爆发力？个人能力突出还是擅长团队合作？体能极限在哪里？每天早晨醒来，运动员都要重新了解自己当日的身体状况，做基本测试。当然，每天早上醒来后，他都要再次明确自己在整个运动项目中的排名，他需要知道全世界这个项目最强的人有多强，在亚洲最强的有多强，在中国最强的有多强。最重要的是他必须知道，自己，到底想要有多强。

那么，当你要向运动员学习如何应对和逾越生存时间时，你要问的第一个问题是：我了解自己吗？

当你感觉自己被困住，毫无头绪时，你应该做什么呢？你至少应该先分析一下自己的优劣势：

- 我处在行业或领域中的什么位置？
- 我的天赋是什么？核心能力是什么？如何发挥？

- 我与同领域的顶尖选手相比，短板在哪里？如何弥补？
- 我的能力和热爱是否与行业匹配?
- 我是否获得了这个阶段的正面评价?

对自身水准了解得越透彻，你对自己才会越苛刻。

密码 2：运动员一定要找到一个好的教练、榜样、指导者

所有的优秀运动员都有优秀的教练。

教练是熟知你所在行业的法门的那个人。好教练会了解本质和规律，也曾经在这个领域取得过成功，他亲自比过赛，赢过、输过，深谙取胜的关键。对你来说，你的教练也许会在前辈、导师、师兄、师姐当中出现。

教练可以是你的同事，也可以是你拜的老师、你的朋友、你的顾问，必须有这样一个人。就像很多行业延续百年到现在还是师徒制，学习和进阶的捷径就是需要有领路人，学习是数不清的模仿与指点。

好的，你现在想向运动员学习如何逾越生存时间，那么你需要自问，你有教练吗?

以下是可以参考的教练标准：

- 行业前辈：在你想做的这个领域里取得过成功，达成过你想达成的目标；

- 向上寻找：在竞赛水平上高于你；
- 了解行业和你：教练要了解行业、了解竞赛、了解你，他要熟悉你的特点，才能给你合适的建议。

密码 3：运动员都有艰苦卓绝的训练计划

有了教练，教练一定会给运动员制订异常翔实的运动、作息和饮食计划，包括几点起床、几点练、练什么、怎么练、练几次。

那么你有针对生存时间的训练计划吗？如果你暂时在生存时间中被卡住，是因为什么卡住的？因为沟通能力、销售额，还是行业天花板？你需要朝哪个方向训练，又要训练到什么程度？

你需要有一套计划，然后微小积累、持续改变，最后像运动员一样进行艰苦卓绝、夜以继日的训练。这大概是逾越中最难的地方。人在意气风发时，精神抖擞地做一件事其实不难。难的是，在冗长得看不到头的枯燥、迷茫、压力、疲惫里，依然按同样的节奏做这件事。

什么才叫艰苦卓绝的训练计划呢？

以大家熟知的拥有雕塑般身材的C罗为例。为了确保脂肪水平低于10%，每日除了常规的高强度短跑训练、提高控球技巧的技术训练，与队友进行更好的交流或沟通的战术练习，他还在健身房训练特定肌肉的发展，以及增加全身力量。

除了“一周五练”的魔鬼式训练安排，C罗常年保持每天8小时的睡眠，并且严格按照每周食谱规划自己的一日三餐。这就是全球顶级的运动员，他在他的专业领域中超越了绝大多数人，爬升到了生存时间的顶端。

这套生存时间中的运动员密码，在2019年被整理到了“趁早文创”为中国女排制作的“运动员生存手册”中，得到了郎平指导的认同，同时她为手册撰写了前言。郎平指导还给出了中国女排的训练日程来作为“艰苦卓绝的训练”的实证。

2018年，为备战亚运会，我们的中国女排开始进行封闭式训练：

不到6点起床，6点半吃早饭；7点半开始早训；45分钟的分组早训后，8点15分全队集合开始集训，一直持续到下午1点；接下来才是午饭和午休的2.5小时；下午3点半继续训练，一直到晚上7点结束；然后是晚饭时间，晚饭后还有1.5小时的业务学习；晚上9点半一天的集训才宣告结束，个别有伤病的队员还要接受治疗。

而正是辅以这样艰苦卓绝的训练，中国女排在2018年8月的亚洲赛场上，8场比赛一局未失，时隔8年重夺亚运会冠军。

如果你对摆脱生存时间有着极度的渴望，如果不能前行让你异常痛苦，那么你最应该做的就是马上行动。在渴望和痛苦时在今天的日期旁写下“五种时间”的一个重要密码——5，然后展开行动。在痛苦时，你要追问自己有没有像运动员一样展开行动，晋级密码就蕴藏在日复一日的训练之中。

密码4：运动员永远对标对手，观察对手，寻求超越

普通人和职业运动员的思考方式存在一个巨大的区别。

普通人每天早晨醒来，拉开窗帘看向远方，会先想到早饭吃什么，出门穿哪件衣服。

运动员在清晨睁开眼的第一刻就知道，有一个或很多个和他处于同等水平的运动员也在这时候睁开眼，甚至2小时前就已经在训练了。运动员的水平越高，他的对手画像就会越清晰，他会知道对手姓甚名谁，有什么必杀绝技，在用什么方式训练，未来哪一天会和他交手。运动员早已习惯了这一切，而我们普通人远远没有。

普通人讨厌竞争对手，我们期待世界清净，人与人相安无事，甚至是与世无争。但我们需要知道，但凡想要逾越和晋级，与世无争就永不可能。不论我们是否愿意看到，竞争无处不在，无时不有。各个行业领域，明里暗里都有排名，都有左、中、右和江湖地位。我们回避竞争时，可以假装这一切都不存在；我们不愿意看到对手时，会骗自己没有对手。但你内心深处要知道，当你晋级而不得的时候，一定在某处，有人、有团队、有公司先于你完成了逾越和晋级。

运动员要面对的生存时间，是他们时时刻刻都有对手。当你处于生存时间中，你的对手是谁呢？你要打败谁或者超越谁？他来自行业内部，还是行业外部？他是一个人，还是一个公司？找到他，对标他，超越他，你就逾越了这段生存时间中的自己。

在“趁早文创”和中国女排合作设计“运动员生存手册”期间，我们看到中国女排非常极致地研究了对手的比赛录像，一帧一帧回放观察，逐一深刻了解对方的每个一传手、二传手和主攻手。等到上场，她们早已熟谙对方的体能、拦网高度、习惯性动作，以及所有强项和弱点。

中国女排可以取得连续性胜利，在于她们逾越了无数的生存时间。

密码 5：运动员永远筹备下一次比赛，永远争取下一个赛点

我们普通人除了讨厌对手，还讨厌比赛日。你可能会觉得，我们的生活并不存在比赛日。

但当老板走到你桌前，说几月几日你需要提交一个报告时，这一天就是比赛日。因为它会有好与坏的评价，还有确切的时限。

对于运动员来说，每一天、每一秒都指向一个倒计时的比赛日，可能是奥运会、亚运会、锦标赛、巡回赛，每一场比赛都是绝对的倒计时，都有着相应的训练计划。

你的生活中虽然没有像这样明确的比赛，但是你可以把任何一个“里程碑”事件定义为比赛，它可以是你的月度KPI（关键绩效指标考核），可以是一次会议演讲，可以是一份PPT，也可以是一个新产品的好评率。只有定义好比赛，你才能准备比赛。要知道，运动员都是在比赛的准备之中成为更厉害的人的，运动员的人生都是在比赛中改变的，你也是。

你极度地渴望逾越吗？那么你要说出在生存时间里，你下一次赢的机会在什么时候。是你打算做出一个超越以往的PPT的时候吗？是下一次要发言的时候吗？是把这个项目做完的时候吗？是拿到下一个项目的时候吗？你极度地渴望逾越吗？那你需要等待下一场比赛，寻找下一个赛点。

当你不只满足于现状，而是想要改变并且有计划、有教练、有对手，期待下一场比赛到来的时候，恭喜你，你真正进入了主动生存时间。

运动员教我们如何度过漫长煎熬的生存时间，他们是真正辛苦又坚强的人。当你觉得失落无力的时候，可以去看一些运动员的纪录片，了解一个运动员充满汗水和泪水的训练史，然后在笔记本上写下他们早已证明过的密码，一个“5”。

在前方的路上，别人觉不觉得这是一场比赛根本不重要，你只要自己的定义。这是你的生存时间，是你的忍受和痛苦，要不要晋级也是你要做出的决定，决定之后就要付出行动。生存时间给我们的选择并不多，只有两个——晋级或者困在原地。

如果说人生实苦，那么苦几乎都是集中苦在生存时间，反反复复，占据我们人生中的大多数时刻。

如果人生因为太多生存时间而必然实苦和挣扎的话，那就让我们尽量少挣扎在温饱问题上，而多挣扎在赛点上。

我的生存时间重建

我遇到过很多次生存困顿期，也曾经尝试通过换一个专业、换一份工作、换一个生活环境和换一个人谈恋爱来帮助自己获得某种突破。那么以上哪种最容易有突破呢？要看这些外部节奏中哪个最有可能影响你原来的秩序。

你原来的秩序首先体现在你的时间表上，因此，当你判断应该做什么改变时，先看这个改变会对你的时间表造成何种影响：是正面的还是负面的？是占有时间还是出让时间？是让你更懒惰还是更勤勉？

相比之下，按说谈恋爱最容易有突破，因为恋爱必定占据时间表，也基本上会是深度交流。当然结婚带来的改变更持久，因为结婚极有可能会改变你的作息和习性，作息和习性是人在生活中的基本秩序。因此，当你希望借助外力获得改变时，需要充分调研这个外力是否会带来更优的秩序，因为更差的秩序一旦渗透你的生活，会更持久地消耗你。

我有两次重要的生存时间重建，都通过外力获得了更优的秩序。

第一次，是我工作三年之后考研，进入中国人民大学。求学是典型的生存时间，因为要争取考试合格甚至成绩优异，要参与竞争和出成绩。

读研期间，我都是和我的研究生同学生活在一起。上课之外，我和她们经常身处一个工作室，每天上午、下午她们都潜心专注于各自的作品，安静笃定地创作几个小时。我理解了创作就是这样的节奏，持久的专注也可以是生活的日常，三年中我在极大程度上被她们的秩序感染。毕业之际，她们都拿出了长时间创作的作品，我可以看到时间凝结在作品中的样子。这让我知道，只要投入适当的时间，就一定有结果，当你信任你的专注时，你的专注也会信任你。

第二次，就是前文描述的创业早期贴纸袋，在这之后我终于获得了生存时间的突破。这个突破过程我曾经记录在另外一本书中名为“创业七年”的故事当中。但在这里，其实可以从另一个角度看待这个突破的意义。

连续做了3个月令人绝望的类似贴纸袋的工作之后，我是怎么从被动生存时间中缓过来的呢？有一天我走在街上，遇到了前男友的朋友，她问我过得好不好，我说“好”（事实上当前男友的朋友问起时，不好也要说好）。她又说她有一个项目，问我能不能做，我说“能做”。事实上以我当时的水准，需要先组团队才能做。

从我答应做这个项目的那一天起，我的时间表就发生了本质的变化，从此不在鸡肋项目上缝补，而是每天花大量时间去研究和筹备新项目。这个新项目的达成使我的公司开始拥有真正意义上的设计全案作品集。接受挑战之后，我的自我训练过程就像写下了运动员密码“5”，实现了更优秩序的建立。这就是为何每当和人讨论选择时，我大部分时候都会建议“能退能进时，选择进”。选择进，就像运动员一样选择了前方的比赛，意味着要为自己的速度和能力建立新的秩序。

当然后来我也意识到，我还希望通过外部的秩序来推动自己，这说明我本身的秩序还比较弱。我相信存在很多更强的人，他们不需要外力就可以重建自己的秩序。人可以自己获得专注，自己定义比赛。后面的章节会提到更多的能力。

希望你能记得这章，每当处于生存时间中的困顿时，希望你可以翻回来重新阅读。

生存时间是暂时的，每个阶段都会过去，更重要的是，后面还有没有新的阶段。

Climbing moves are all about feeling it, and that is something I've spent my whole life doing.

by Alex Honnold

徒手攀岩的每一步都在于觉知，我是用我的一生在做这件事。

——亚历克斯·霍诺德

03

赚钱时间 终极等式

欢迎来到赚钱时间。

当你在主动生存时间中捕捉到某种奇特的力量时，你就会到达这里。从这里开始，能够主动支配的时间会越来越多，选择的同时当然会付出代价。渴望赢的同时，还要克服对输的恐惧。老鼠不去吃奶酪便可万无一失，取真经就有九九八十一难，但是奶酪总是想吃，真经也还是要取，单单在途中想象结果就会令人充满能量。在赚钱时间，我们的动力是钱也不是钱，正如做成一件事情的力量往往不是来自事情本身。

在钱面前，人们有各种焦虑，怕错过，怕求而不得，得到了怕不能长久，长久了又怕最终失去。在时间面前，人们长期处在怕错过一个时代的焦虑里，为了治疗焦虑，每个时代都会产生与生产力水平相对应的说法和手艺，有的劝人撒大网，有的劝人磨利刃，人们也在可支配时间面前开始面临真正的选择，是这些选择造成了人与人最初的分野。

如同运动员密码在生存时间中的意义，在赚钱时间中，也有两个基本观点：

1. 保持循环增强。

2. 时间不愿意回报涣散和没恒心的人。

什么是赚钱时间？

“五种时间”体系里，人们从事的所有事务被分成了五种，其中有种特殊的时间叫“赚钱时间”。

和其他四种时间的逻辑一致，赚钱时间的完整表述是：在一天可选的时间中，用于赚钱的时间。这里的“赚钱”，与从经济学角度理解的“赚钱”定义一致：

赚钱＝创造价值的过程

“用于赚钱”里面的“用于”有两层意思。第一层，这段时间是人主动选择的。第二层，投入专门的时间去做了“赚钱”这件事，至于结果到底能不能赚到钱，或者赚到多少钱，是这段时间投入之后的产出，并不一定是当时就能交付的。当时就能交付的未必属于赚钱时间。

到底在单位时间内做什么才属于赚钱时间呢？关键在于是否持续增强了核心竞争力，用一句话完整概括就是：

单位时间内只对某种产品的核心竞争力做功，直至把该产品的核心价值推到远超行业平均水准的程度，这些时间就是真正的赚钱时间。

这里的“产品”，是广义概念的产品。就个人而言，不论是打工还是创业，不论是在国企、事业单位工作还是自由职业者，你所出卖的标的都是广义概念的产品。哪怕只签了三年的劳动合同，在一个看似风平浪静的单位工作，这份劳动合同其实也是把人的“时间、技能、资源、智力”打包作价，兑换成了工资、奖金和各种保障。而不同的经验和职级之间，你会发现兑换价格并不相同，是因为这些“时间、技能、资源、智力”被看作了产品，而就业市场根据产品的情况给出了价格。

因此，一个公司职员、一个自由职业者、一个企业，都有各自有形、无形的产品，区别在于对应的市场各不相同。市场会根据不同产品的质量、功能和稀缺性做出价格判断。从这个角度来看，任何需要依靠交换或销售取得收入的人或者机构，都具备产品属性。只要具备产品属性，都应该存在“赚钱时间”，以使自己的产品更有价值，更被市场接受，更多地被购买。

那么，当你在一天中安排了特定的时间，将这段时间用于提高自己的核心竞争力，以期具备更大的价值和更有竞争力的价格，你很可能就是在安排赚钱时间。那么，赚钱时间和上一章里的主动生存时间最大的区别在哪里呢？这个区别非常关键。

先看“五种时间”的首要功能——帮助人辨认当下，那么当人处在典型的赚钱时间之中，会相应地有别于其他时间中的感受，以下是赚钱时间的感受特征。

赚钱时间的判断原则

当你处于赚钱时间时，会有以下感受：

> 你会感到心情激动，跌宕起伏，有强烈的自驱和目标感；
>
> 你会感到过程中的确定性与不确定性交织，焦虑、压力和期待交织；
>
> 你会得到核心竞争力和财富的积累，阶段性达成的快乐和未达成的痛苦，对价值的原理与规律的理解，对金钱意义的寻求。

人在不同行为中会做出不同的反应，当你发觉别人或自己出现一种“打鸡血”的状态时，你们大概率上正处在核心竞争力增强和对结果的强烈期待当中。变得越强就越期待，于是自己把发条拧上，让赚钱时间持续和频繁出现，继而越战越勇。

人在赚钱时间之中会充分自驱，醉心于增强核心竞争力，就像侠客在洞里习武，对武艺日渐高强必然有所感知；但同时又对预期结果充满焦虑，就像习武到一定阶段还是要出来比武。比武就是把产品放到市场上看反馈，赢还是输，都有可能。一个创业公司也是同样的，一旦走上创业道路，就是选择了一种处于大量赚钱时间中的生活，闷头钻研产品，然后投放到市场上检验，再钻研，再接受检验。

所有赚钱时间的存在都是为了赚到钱，但结果是市场给的，而市场永远具备不确定性。核心竞争力必须是经过市场验证的，对人，对产品，对小公司、大公司，都是如此。

如果说主动生存时间是在备考中期待好成绩，那么赚钱时间就是在渴望中对抗恐惧。他律严苛，但是市场比他律还要残酷。

甚至，当一个人或者一个公司投入了足够多赚钱时间却没经受住市场验证，没赚到钱的时候，一件比没赚到钱更可怕的事情会随之发生，就是退回生存时间。重返生存时间就意味着只能为了生存疲于奔命，解决燃眉之急。大量时间、精力被挤占用于勉强维持生存，就造成个人和团队缺乏时间和心力，没有时间和心力，就难以再次出发寻找和打磨核心竞争力。

处于赚钱时间之中的人是亢奋的，因为赚钱时间中酝酿着巨大的希望。赚钱时间一定对应着具体目标，如果目标的阶段性论证失败，就是希望的破灭。人生中较多的至暗时刻和人生低谷并非出现在生存时间，而是在求而不得的赚钱时间。

这时候，可能我们需要在效率手册一天的日期旁边默默写上运动员密码“5”，暗下决心，重新踏上逾越和晋级的漫漫长路。

事实上，无论是个人还是公司，都会长期处在一个生存时间和赚钱时间并存的漫长时期，既要做奔向新世界的事，又要忙着在旧世界里缝缝补补。在有限的时间表上，当需要同时考量它们的比重和优先级的时候，就出现了关系现在和未来命运的时间管理问题。也会有个人和公司从此无暇关注赚钱时间，长久地退回生存时间[1]中去。

核心竞争力与循环增强

主动生存时间与赚钱时间的区别是：

1. 是否瞄准了核心竞争力？
2. 核心竞争力是否进入了循环增强模式？

让你从生存时间中活下来的普通竞争力已经不够，要想让赚钱时间里的投入有所斩获，要想产品价值被不断推高，就需要核心竞争力的循环增强。赚钱时间描述的有效行为目前看来十分简单朴素，似乎就是两件事，第一件事是找到核心竞争力，第二件事是花时间持续对其做功。

对个体来说，赚钱时间的操作应该是：今天我决定拿出一小时，让我从擅长继续走向无限优秀。积累一万小时，让长板长出天际。加强核心竞争力的事情，就应该做下去并矢志不渝。

说一个人很强，通常指两方面的强，第一是说这个人核心竞争力强，第二是说这个人结构强。核心竞争力强，他在自己的领域

1 拓展阅读：《贫穷的本质：我们为什么摆脱不了贫穷》。作者认为，贫穷的人疲于应付生活中的困境、认知水平和执行控制力没有机会得到提高是导致他们贫穷的主要原因。作者阿比吉特·班纳吉与埃斯特·迪弗洛因这项贫困研究获得 2019 年诺贝尔经济学奖。

就常胜，就稀缺；结构强，这个人就坚实，就稳健。所谓硬核，也是对这两项都强的一个简洁描述，形容人单点突出，结构自信。我在单项能力上可以打败你，你在整体结构上却无法动摇我。这样的人会持续专注于让他变得更强的事，不为外界无关评价所伤，于是不仅越来越强，还看起来很酷，状态令人十分羡慕。谁不想变得“硬核”呢?

你想身处赚钱时间，就要动手解决让核心竞争力变强的问题，而这整本书都在解决人的结构建立问题。一个人如果这两项都强，必然变得“硬核”，赚到钱也会是付出足量赚钱时间之后的必然结果，因为时间看得见。

我本人是一个创业者，已创业 12 年，途中克服考验，调整方向，对练就“硬核”的方法极度渴望。“五种时间”是途中 12 年悉数所得，而接下来将要叙述的“终极等式”是我认为的创业者的行动要义。同时“创业者”也早已是一个广泛的概念，只要你正在改善能力、专注成长，创造价值且独立生存的途中，你就是一个创业者，这一要义也会启发你。

“终极等式”的获得线索首先来自一部纪实电影《徒手攀岩》，我在 2019 年 9 月参加了这部电影的中国首映式，深受震动并写下了一篇观后感。为了能够充分说明“终极等式”所蕴含的意义，我在本书中收录了这篇观后感全文，完整公式和解析会呈现在这之后。

《难不过酋长岩》

2019 年 9 月 4 日

受经纬中国和细蓝线影业的邀请，我观看了《徒手攀岩》的首映。

这部纪实电影对我的触动和启发可能是节点性的，其深远程度也许要在未来很久才能知道。

我记录下这些触动和启发的线索和思维过程，留给未来印证。电影的主人公用了十年准备，导演和摄制组用了两年拍摄，作为观众，如果接收到其中的信息，也该有耐心等待未来的印证。

故事

在走进电影院之前，我就已经知道这是一个真实的现代英雄故事。

2017 年 6 月，亚历克斯 · 霍诺德（Alex Honnold）用 3 小时 56 分钟徒手登顶美国约塞米蒂国家公园 3 000 英尺（约 914 米）高的酋长岩，堪称人类历史上迄今最伟大的徒手攀岩。主人公亚历克斯在完成徒手攀岩前一年多的日常生活、训练准备和最终攀登过程被这部纪实电影完整记录了下来。

在电影院里，观众一同进入了亚历克斯的生活，看他日复一日的训练、恋爱、起居、交谈。全片的最后一幕，宏大的岩壁呈现在 IMAX（巨幕）幕布上，观众屏住呼吸，被带到这历史性的一刻面前，目睹一个传奇英雄完成他的史诗。

在此之前，我们早已看过无数讲述传奇英雄的电影，但这一次，我发现撰写和表演出的剧情与震撼的现实相比，太过苍白无力。

大家当然已经知道结局，但《徒手攀岩》镜头下的所有人对结局都还一无所知，他们每天都在精心准备，虽然明知这部纪实电影只有完美登顶或死亡的唯二结局。随着攀登日的临近，你会在自己紧张的呼吸和汗水中发现，你见证了用生命做赌注拍摄而成的经典人类影像。

主人公和出场人物

亚历克斯·霍诺德，杜撰的电影是挑选不到这样面容的主人公的，他简直一出场就能吸引你。他有着孩童或者惊奇动物般的黑眼睛，黑眼睛在望向酋长岩时会闪闪发亮，当他在岩石上攀登时，你会发现他英雄的面容渐渐浮现。

然后你还会惊讶于在一部纪实电影中，几乎每个出镜人物，包括摄影团队，都有着好看到别致、世俗生活中并不常见的轮廓。这可能是因为长年的攀登训练，可能是因为神情专注，也可能是因为见过许多常人无法想象的美景。

几个重要的疑问和答案

随着电影的推进，观众都会有问题想问。

徒手攀岩（Free solo）就是在没有任何辅助和保护的情况下攀岩，是非常危险的极限运动，死亡率高达 50%。

而酋长岩是公认的攀登高度极高的岩壁之一，经过千万年冰河洗刷，可以说就是个巨型、光溜溜的岩壁，角度几乎垂直于地面。

徒手攀岩者需要利用岩石面上的微小起伏和粗糙面来获得支撑向上攀爬。

搭便车之路（Freerider）是攀登酋长岩最经典的路线，全长 3 000

英尺（约 914 米），共 33 段，其中多个路段被称为“死亡路段”，亚历克斯就是要沿着这条路线徒手攀登上去。哪怕有一个微小失误，就要付出生命的代价，这已经不是正常人类能够理解的行为了。

第一个问题：活着多好，为什么要爬这个？

亚历克斯在电影中反复描述了这个问题的答案。总结起来就是：必须爬，因为酋长岩是毕生理想，酋长岩在胸中燃烧。这个东西就在他的待办事项列表（年计划、月计划、周计划、遗愿清单[1]）上，睁开眼就是酋长岩，吃饭喝水也都是为了酋长岩。当然你在电影里可以发现他既是这么说，也是这么做的。

另一种“送命”水平相当的运动——登山的爱好者有一句差不多的话，叫作“山就在那里”。换到亚历克斯这边，应该就是“岩石在召唤”。召唤了多少年呢？电影告诉我们，亚历克斯从把酋长岩当作梦想到达成徒手攀岩，准备了 10 年。

如果你在看电影的时候内心这样提问了，那么据说本片导演的一个重要目的就达成了，因为你提出了一个关于人生终极意义的追问。这个问题你只要想问亚历克斯，就等于在问自己。

在电影中，亚历克斯反问道：“人总要死，人们会因为这样那样而死，我为何不可因此而死？”

第二个问题：徒手攀岩有什么意思？

抛开生死不谈，这个问题其实意义不大。这就好比在问钢琴爱

---

1 “遗愿清单”来源于英文 bucket list，指一个人希望在死亡之前完成的事。

好者“弹钢琴有什么意思”。一类爱好令人深陷，自然有它的妙处，内里必有外人无法体验的美好和自由。

问题在于，当这个爱好或者说热爱，可能让人搭上性命，它还有什么意思？

如果提出的是这个问题，那我们其实就是在探讨一个更深刻的命题：为什么人类要追逐极限运动？

亚历克斯的回答是：“如果你追求完美，徒手攀岩应该是能让你最接近完美的运动了。在那么一瞬间感受到完美，非常美妙。一心追求卓越和完美，我就是这样长大的。我正在做前无古人的事情。”

电影里亚历克斯朋友的另一个回答简直是人类历史上实现伟大壮举的激励词：“挑战极限。”但这个朋友后半句的表达是：“但如果你挑战极限，最终会止于极限。”从头到尾，朋友们都在深深地忧虑，担心他会死。

看到这里，你可能觉得亚历克斯确实疯狂，但有点像英雄了。怎么判断一个人是不是为理想奉上生命的英雄呢？你不希望自己和亲朋好友是这样的人，但是希望世界上有这样的人。那这个人大概就是英雄了。

第三个问题：他的家人和朋友不拦着他吗？

《徒手攀岩》作为纪录片之所以好看就在于，主人公竟然还有个女朋友，他们刚交往不久，她还挺漂亮。我们爱看的传奇英雄电影里都有爱情戏，这个真实故事里面竟然也有，也太棒了吧。

那么，女朋友拦着他了吗？

想拦来着，但是根本拦不住。亚历克斯非常肯定地说：“在女朋友和徒手攀岩之间，我永远都会选择徒手攀岩。如果我有某种尽可能活下去的义务，那我应该放弃徒手攀岩。但我没感觉有这种义务。如果我不去攀岩，那就是生命中挚爱的事业破灭了。”

如果女朋友拦着他是人之常情，那么电影里亚历克斯妈妈堪称极少数的妈妈，虽然她的出镜时间很短。他妈妈说：“徒手攀岩是他最能感受到自己存在的时刻，是感受一切美好的时刻，是感受最强的时刻，你又怎么能从他身边夺走这么珍贵的东西呢？我不会的。”

电影中的导演和摄影团队都是亚历克斯的挚友，本身也都是攀岩高手，懂他的人。所以这部影片其实还探讨了纪实拍摄中的伦理问题，要不要支持主人公拿自己的生命冒险，要不要参与整件事并记录下来。影片本身就是他的挚友们给出的答案。

几个重要的方法论

这部片子的联合导演是华裔女导演伊丽莎白·柴·瓦沙瑞莉（Elizabeth Chai Vasarhelyi），她在制作完成时表达了想法——除了对人生意义的追问，在面对终极目标时，亚历克斯之所以能成功完成酋长岩的徒手攀岩，是因为他有确定的方法论，这些方法论反映在他准备的整个过程之中，希望能够启发所有人。

关于亚历克斯如何达成如此不可思议的宏伟目标，有哪些方法论，以下做一个提炼。

• 杏仁体和原生家庭

面对各个领域那些不世出的大神，人们会先归因于天赋。电影中也记录了亚历克斯脑核磁检查的结果——他大脑中杏仁体的抗恐惧能力明显异于其他攀岩者。他的朋友分析说："徒手攀岩训练了他的情绪，他不像其他人那样容易受到情绪的影响。除了遗传，这也是他过去经历的产物。"

在片子的前半部分，亚历克斯直接承认自己是在追求完美中肯定自己的，这是他徒手攀岩的一部分动力来源，因为他妈妈严厉的程度是"差一点也不行，不够好，过得去也不行"，他又告诉大家他是在 10 岁时受他爸爸的启蒙开始攀岩的，之后一发不可收拾。

这一部分是遗传、启蒙、动机共同作用的结果。

• 目标清单

片子中有不下几十处励志金句，从亚历克斯嘴里说出来时铿锵有力，振奋人心。但不得不说这些金句的道理并不新鲜，放到别处就被当作日常鸡汤文字略过去了。可见语言从不同人的口中说出来，力量和内涵都不同。好比法力高的魔法师和法力低的魔法师说同一咒语，效果并不一样。

比如在谈到他的目标清单时，以下几句堪称金句：

> "如果我的最终梦想是攀登酋长岩，那我应该好好计划一张地图。我需要心里有数，知道哪些是最难的部分，它们都在哪里，为了克服它们我必须做什么事。"
>
> "你自己的心里知道，那件事，你一定会做。"
>
> "如果你数年来都在想着一件事，那么在你真正告诉别人前，这个想法会在你心里酝酿很久。"

无论我们这些观众认为徒手攀登酋长岩是不是值得，亚历克斯是不是疯狂，你都会看到他早已把酋长岩写在他的目标清单上，放在内心深处，长达 10 年，非常确定，然后一切日常以该目标的实现为中心铺排开来。像亚历克斯这样写下来同时不断为之努力的，才配叫作目标和梦想。

一个再简单不过的方法，确立目标。如此而已。

能确立一个魂牵梦绕、经受了意义考验的目标，并不容易。

• 战术日记

我认为片中亚历克斯阅读自己的攀岩日记的情节，是该片的经典情节，令人动容。经过 50 次以上的酋长岩攀爬训练和熟悉路线训练，亚历克斯记下了 3 000 英尺的攀登路程中的每一步动作和要点。你会看到他在如何把一件极为困难又危险的事，通过一遍遍演练，做到让自己有安全感。还有，他明确告诉队友，他的攀岩日记不记录情绪，也不记录和目标无关的任何事情。

但是，在对动作的描述之外，你还会听到他阅读了两个归于感性的战术记录，“相信脚感”和“跟着直觉”。

在细密的日记中，你会看到亚历克斯的成功不是由于一次心血来潮或上天的眷顾，而是准备充足，与团队共同把岩壁分段拆解并集中讨论难点，再选择最合适方案的过程。

安全感来自充分准备，训练次数和对实力的磨炼，以及对危险的了解。

信，尤为重要。

• 日常仪轨

在片中，你会发现，主人公完全是一位修行者，有自己的仪轨。

从 11 岁开始，攀岩于他就如同吃饭、睡觉一样，成为他生活中的一部分。每周 6 天，每天 3 小时的室内训练，日积月累，使他的手指越发粗壮。

成年后，他常年住在车中，吃素、攀登。纯粹的热爱和目标，令他简化生活，降低物欲。当你看到他在逼仄的空间里起居和训练，会仿佛看到一个在山洞里闭关修行的现世侠客，你怀疑他应该是在攀岩中体会到了某种禅定，才能保持不为万物所扰，不被恐惧吞噬的心境。

还是老生常谈的方法论：微小积累，持续改变，一万小时。

• 恐惧

亚历克斯在他的自传、采访、演讲中不断强调一个观点：他并不比其他人更大胆。在他眼里，徒手攀岩的风险是可以控制的，只是失败的代价非常惨重。亚历克斯通过训练掌握了一种非凡的控制恐惧并专注于完美执行手头任务的能力。

我认为，这也是电影非常想传达给观众的一个观点。

亚历克斯说："身体状态重要，但对攀登者来说，精神状态也很重要。最大的挑战是如何控制你的大脑，因为你不是要控制你的恐惧，而是要走出恐惧。有些人说要抑制你的恐惧，我不这么认为，我通过一遍又一遍地练习动作，来扩大自己的舒适区。我一遍又一遍地经历恐惧，直到不再恐惧。"

恐惧从来不是凭空被克服的，我们是通过训练获得实力而让恐惧逐渐缩小的。

• 团队

亚历克斯不是一个人在战斗，他有几个共同作战的挚友。这几个挚友的特点是，都是高手，怕他死，但是同时懂他为何敢于赴死。

汤米 · 考德威尔（Tommy Caldwell），一位顶尖攀岩者，亚历克斯少年时期的榜样，负责陪他一起充分研究预习路线。

金国威（Jimmy Chin），本片导演，登山界高手，探险摄影家，率团队完成了极其艰苦的拍摄。因为亚历克斯的天赋和努力加上这样一个充满信任的高手团队，才有了后来的纪实电影《徒手攀岩》和让全世界为之惊叹的机会。

汤米在片中说："亚历克斯相信他在攀岩的时候有层盔甲。我在想，作为他的朋友或家人，也得有层盔甲。"

英雄与凡人

看电影时，你会和主人公的朋友一样，为里面女朋友的出现和存在感到隐隐担心。

如果说我们这些观众是凡人，那么亚历克斯在片子里只有两次展露了他和我们的共通之处，第一次是当他感觉不对放弃第一次酋长岩攀登之后，他在车上说"也许我就是很弱"，第二次是他和女朋友买了房子（竟然）去买电冰箱的时候。

当然这份爱情亚历克斯自己喜欢最重要，但这不是重点。重点是，我们可以看到亚历克斯和她的女朋友桑尼，就是英雄与凡人的直接对照。

亚历克斯要徒手攀岩的成就，桑尼要平淡快乐的生活，他们不是一类人。对于这点，亚历克斯是清楚的。他说：“桑尼认为，人生的意义在于追求幸福，和能让你开心的人在一起，共度美好时光。而人生的意义于我，在于取得成就。任何人都可以过得轻松快乐，可只是轻松快乐，人不会进步。没有人能既过着轻松快乐的生活，还取得伟大的成就。”

片中原文是：

“Everyone Can Be Happy and Cozy.”

“No One Ever Accomplished Anything By Being Happy and Cozy.”

这段话简直是全片的点睛之笔！这是极少数人的宣言啊，反正它当时深深打动了我。

插播一句，经纬中国组织的这场是创业者专场，我猜全场创业者都被打动了，这段话简直正面叩击创业者的心。

看到这里你就不担心了，英雄就是英雄，他也知道自己是，别的什么人都撼动不了他赋予自己的使命。

紧接着，他又自白了一段，我猜有的创业者观众当场直接热泪盈眶。

“重要的是成为一名战士，具体为什么而战并不重要，这是你要走的路，你要力求做到极致。为了实现目标，你得直面恐惧，这就是勇士精神。我觉得徒手攀岩的精神，就很接近武士文化，两者都要求绝对的专注，这关于你的性命。”

这样的话被活着的传奇英雄亲口说出，如同魔法咒语，让人全身如触电一般。

当你看到英雄之所以为英雄之后就放心了。即使在出发攀登酋长岩之前，桑尼给亚历克斯理发这温馨的镜头之中，你看到的也是出征前的仪式感和戏剧张力，亚历克斯高挺的鼻梁，漆黑、凝视的眼睛和新剪的短发，渐渐浮现出传奇英雄的面容。

决战日

决战日是万全准备之后的决战日。

这天亚历克斯快乐地说："我今天穿了绑紧的鞋。就像武士拔出自己最爱的剑一样，现在，该是我的宝剑出鞘的时候了。太激动了，我要迷醉了，感觉自己像是绝地武士，有了光剑一样。"

经过10年的准备，2017年6月3日，早上在卡车里醒来之后，亚历克斯独自驱车前往约塞米蒂，度过了他一生中完美的一天，徒手攀登上了酋长岩，感到内心平静与自由。

当影片来到结尾，你不会再像电影开场时那样认为他只是个疯狂的冒险者，反而会明白这其中长期计划所体现的谨慎与自律。在8年准备攀岩的过程中，主人公持续积累直到技艺精湛，不断调整计划，经过无数次试错，从未打算把生死交到运气的手里。

亚历克斯达成梦想，凭的不是运气和天分，而是过去20年攀登练习所积累的经验和能力。亚历克斯的准备方法当然适用于所有人，无论是学习还是工作，或者创业。

《徒手攀岩》所讲述的，其实是一个人如何极度专注于他热爱的事情，如何战胜恐惧，有计划地一步步接近目标，攀上顶峰的故事。

从核心方法论到终极等式

现在，让我们体会《徒手攀岩》给我们的核心方法论。

在整部电影中，我们看到的是一个终极等式，以及主人公亚历克斯为这个等式提供的版本。

亚历克斯在 10 年前就在等式左侧轻轻写好了他的目标：酋长岩。

在等式另一端，他也用全力写下了此生愿意付出的最大代价：生命。

所以，亚历克斯的终极等式是：酋长岩 = 生命。

那么你的呢？你的等式两端各是什么？你的毕生目标是什么，你又愿意为此付出什么样的代价？

如果说亚历克斯的方法论适用于所有人，那么所有人必须首先有一个这样的等式。

等式左边：什么是我们朝思暮想、不容置疑的梦想？

等式右边：什么是我们愿意付出的最大代价？这代价是命悬一线，还是时间、金钱，抑或是机会成本、资源、信任？

我们需要有什么样的计划和战术、什么样的日常仪轨和团队？为了减少恐惧，我们要做什么样的万全准备？当干扰和质疑袭来，我们做英雄还是凡人？哪一天将是我们的决战日？

当你拥有这样一个等式，你也就成了一个在途的英雄，可以像亚历克斯一样耐心地按自己的心意展开生活。当我们清楚地知道自己的毕生信念，也清楚地知道自己愿意为此付出什么代价，他人的质疑就不再构成任何干扰。我们将在坚定的前行中，淬炼出更强的实力和方法论。

在未来，我们也可以拥有这种可称为Free Solo的瞬间，一个人站在岩石的顶端，享受毕生目标的实现。我们不是徒手攀岩者，但我们一样是人生理想的兑现者。

填好终极等式，充满苦难和恐惧的旅程也就开始了。每当恐惧袭来时，你要对自己说："真好，我依然在做准备，我没有向对我而言最重要的事妥协，因为我早已知道，这个人生终极等式再难，也难不过 2017 年 6 月 3 日的酋长岩。"

硬核人生终极等式

以上就是这篇电影的观后感，在写完观后感的几个月中，电影里亚历克斯站在岩石顶端，享受毕生目标实现的画面一直在我脑海中重放。我一直在思考我的终极等式两端各是什么，如果存在一个通用等式，能够充分解构所有人对各自"酋长岩"的攀爬，这个等式会是什么。这个等式里应该包含亚历克斯和整个摄制组冒着巨大的死亡风险想要传达给观众的信息，只有解构出等式中具体的元素，并理解和使用这个等式，才能应用到每个人的"酋长岩"目标里去。

我们再来看一遍亚历克斯的终极等式。

酋长岩=生命

那么我们的等式两端各是什么呢?

等式左边一定是梦想或目标，是我们沿着核心竞争力走下去能够达到的最终结果，它应该是等式右边的元素发展变化的结果。显然，等式左边是个因变量，是我们能够抵达的梦想（Dream）或者目的地（Destination），刚好英文首字母都是D，为了让等式看起来更像函数关系，我在等式左边写上缩写D。

等式右边才是关键，我们需要思考对应什么元素会让D发生变化。

一开始我想，我的梦想再狂野，也不会极致到像亚历克斯这样愿意付出生命。但是继续思考后发现，我也只有这一条命，而且这条命必有终点——如果我从此刻开始为D付出足够长的时间，且付出到接近生命的终点，就约等于我为到达D付出了生命。没错，时间就是生命。这个游戏继续玩下去，不管玩多久，本来就是没办法活着通关的游戏。

亚历克斯为了攀登酋长岩练习了8年，我也需要为我的梦想准备足够长的时间，这个决心可以下，在梦想面前也必须下。那么等式右边一定存在一个自变量——时间N，N也需要像亚历克斯的练习时间一样按年计算，这才够长。

继续参考亚历克斯的成功会发现，D能否实现，很显然跟现在的起点水平有关系，而这个重要的起点就是此刻的核心竞争力。此刻水平的英文是Present Location，等式右边必然存在一个核心竞争力起点P。对每个人来说，一旦启动应用该等式，核心竞争力起点是固定不变的，因此P在函数关系式里是个常量。

亚历克斯每天都在艰苦的练习中进步，那么他8年中总共增强的实力，取决于每年进步的速度。速度就是Rate，我又得到一个字母缩写R。我们知道，能力和效率会影响进步的速度，因此R一定也是个自变量。

于是现在我们为等式右边找到了三个元素，P、R和N，那么现在需要了解它们如何排列组合才能构成D。或者换一个角度思考，像亚历克斯这样完成了“不可能的任务”的极少数人，他们的P、R和N究竟是如何排列组合的，才让他们如愿到达了D。

为什么说书中自有黄金屋呢？因为每当你停滞的时候，你在书中遇到的前辈就能出现引导你。这里我的脑海中就浮现了两位前辈的两个描述。第一个是《从0到1》中的幂次法则，我在《按自己的意愿过一生》这本书中引用过，幂次法则简单来说就是帕累托二八原理，《从0到1》里讲到风险投资原理和个人发展的规律都符合幂次法则。

幂次法则对发展的解读是：一段足够长的时间后，极少数企业和极少数人会显示出指数级增长，完胜其他企业和其他人。

由此，我又想到沃伦·巴菲特著名的表述——人生就像滚雪球，重要的是找到很湿的雪和很长的坡。这句话是他对投资真谛的经典描述：复利，企业和人能否获得超级增长，取决于他们是否存在长期的指数级增长。滚雪球是个极好的比喻，因为雪球的增大不是线性变化，而是指数级变化。统计学和经济学都告诉我们，所有事物的发展随着时间变化都是非线性的指数变化。

在两位前辈的隔空指点下，我们终于得到一个认知，极少数人的人生完胜其他人，在于发生了非线性的指数级变化。亚历克斯的要素再融会复利公式，P、R、N也就找到了它们的天然位置。因为这个等式里的字母是我按照复利公式亲手填上去的，在这本书里，请允许我将它命名为“硬核人生终极等式”。

$$D=P(1+R)^{N}$$

（D：梦想或目的地，P：核心竞争力起点，R：进步的速度，N：时间）

也是在把公式字母填上的电光石火间，我明白了一件事。早在2010年，我在经营活动策划公司时期，为客户比亚迪汽车在北京做过一场巴菲特和比尔·盖茨的中国之行盛典。当天我是盛典的总导演，所以需要引导和陪同巴菲特先生入场就座。

我也是第一次亲见这位传奇前辈，路上需要有些寒暄，当时聊到我很开心能把大宴会厅布置起来等他莅临，又说这是我导演过的最大型的发布会了，就问他：“您觉得这场发布会怎么样？”巴菲特先生说：“很好啊！持续做你喜欢的事情，就会非常好。”

可惜啊，当年愚蠢的我都不知道巴菲特对我说的就是硬核人生终极等式。

原来，巴菲特先生在2010年中国大饭店宴会厅的后台就面授过我一次雪球原理，然而10年之后，我才有能力懂得什么是“喜欢的事”，什么叫“持续做”。可见，喜欢的事可能是雪球的核，是核心竞争力，把这件事找到，持续做，雪球才能算滚起来了。如今，10年后，我的雪球才算是滚起来了。当我们每天判断是否给自己安排了赚钱时间时，我们应该扪心自问一句：“同学，今天，你‘滚’起来了吗？”

让我们回到这个等式，在理解它的基础上应用。等式都有适用条件，那我们现在来为里面的自变量赋值，看这个等式可以推演出什么样的D，是否适用于你。

再明确一下其中各个变量：D是我们的梦想，P是现在的核心竞争力起点，因此无论P现在是什么情况，你的核心竞争力都应该是个正数。如果你正在向目标的方向努力，那R就是正数，反之则不是。N是时间，这里我们指向人的毕生成长时间，因此按年计算。

我们通过函数图表来科学观察当你做出不同的行动，导致自变量不一样的时候，你的人生会呈现什么趋势。

第一种，不进则退的人生：想象中的直线人生。

你说你不是亚历克斯，也不是我这种人，你只求知足常乐，岁月静好，波澜不惊，要一个直线人生即可。借此我们可以回忆一下高三的数学，当你把知识还给老师，R并不是0，而是变为负数，正如高考那两天曾经是你学科知识的峰值。由此D出现转折点，行动停止之后D的值一路下跌。我们所处的环境不会是静止的，当周围向前奔涌时，即使向前划水仅像追平，但停止努力后，你并不会静止，而只能不进则退。无论是哪一个D，技能、收入还是身材，直线人生都从未存在。

所有的一切（体力、技能、知识），都可以通过训练变强，或者因沉沦变废。

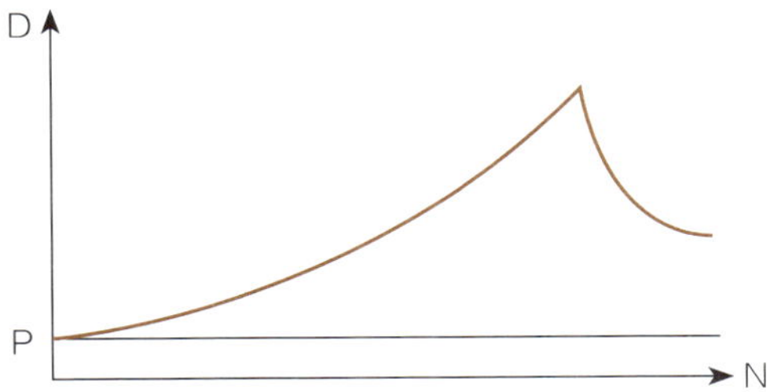

不进则退的人生

第二种，投机和速成主义的人生：有多少D可以重来。

我追求过好几个D，因为在很长的时间内，我都无法知道到底应该追求哪一个。大多数时候，我不认为是我的问题，而是成长的必然问题，也有环境局限性的问题和运气问题。而今，当我在图表之上回顾这些历程，我可以清晰地看到遗憾早已发生。所谓明白要趁早，不单是要趁早理解和运用这个终极等式，更是要趁早找到D——雪球的核、核心竞争力，然后时间自然会给我很长的“坡”。

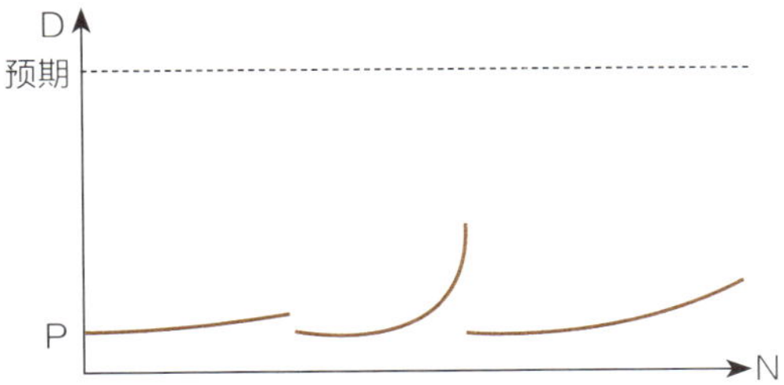

投机和速成主义的人生

当你足够年轻时，转换D是一种有效的试错法，有效排除“错”才有更大概率抵达“对”。我们为了弄清楚自己和世界可以不断去尝试，随着D的转换，人生的图表就会呈现出图中这样的浅尝辄止。最棒的旅程是，你尝试了100个不想要的D，终于与那个真正的D相遇。

令人遗憾和焦虑的旅程是，随着N轴剩下的时间越来越少，真正的D迟迟没有出现，而你现有的D还在随着他人和环境的影响而不停转变。于是你拥有的会是一张典型的速成主义者和投机者的图表。

D的飘忽不定令你的R高高低低，N无法持续。D迟迟不来，你有一天终于厌倦了这个图表，再次放弃了一个D，你对这个世界深深地感到失望和怀疑。

第三种，长期主义者的人生：微小积累，循环增强。

拥有明确的D且每天朝向它前进的人们，往往会呈现出这样一张图表。

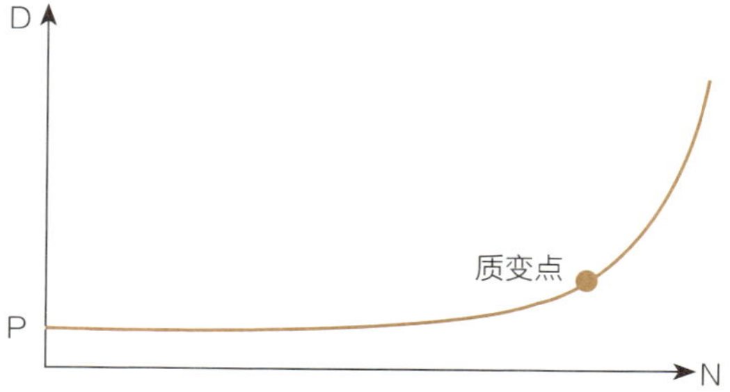

长期主义者的人生

当P是既定的，R数值较大代表速度也较快，N趋向于足够长的时候，我们看到曲线上在时间的某处出现了一个神奇的质变点，在那之后，D开始高高地扬起。正如巨大的雪球风驰电掣，没有力量能阻止它的滚动，就像亚历克斯终于攀上岩壁，站在酋长岩也站在全球徒手攀岩者的巅峰。

幂次法则的魔法，在于循环增强，幂次曲线充分展现了赚钱时间的真谛。

R代表微小积累，N代表持续改变，D代表时间看得见。赚钱时间就是朝向目标D，通过微小的持续成长叠加起来足够长的时间，去等待质变点的出现。

相对于前两个图表中的人生，在这个幂次曲线轨迹中行走的人生，可以被称为第三种人生。这是长期主义者的人生轨迹。

有了这个等式以后，我们就可以知道，在什么情况下，预期中的D无法实现。

第一种情况，经常描述梦想D立flag，但描述完就结束了，没有展开行动，等于曲线从来没有开始勾勒。

第二种情况，过俩月D又变了，曲线半途而废。

第三种情况，R时有时无，时大时小，甚至变成负数。

第四种情况，D明确，R是稳定的正数，也有N，但N还不够久。

在这个曲线轨迹图中，我们再次清楚地看到了那两句经典的描述：

> 一段足够长的时间后，极少数企业和极少数人会显示出指数级增长，完胜其他企业和其他人。
>
> 人生就像滚雪球，重要的是找到很湿的雪和很长的坡。

个人的欲望、社会的发展、文明的进步、物种的进化，都是这条曲线上的一个个点，在每个场景之中都正发生着各自长期主义的变化。在不同的时代和行业之中，这条曲线会呈现不同的样貌，R会出现天壤之别，而质变点会被文明的大手来回拨弄。也正是因为如此，无数的人在日夜寻找规律，想找到我们这个时代效率最高的R，找到让曲线最陡峭的N，尤其是找到最快到达的质变点。

在18世纪以前的农耕时代，经过无数个春秋轮回，农民才能培育出一粒遗传性征优秀的种子，这粒种子就是质变点，在它之后，能够丰收数十个世代。农业生产每次发生质的飞跃，关键取决于种子革命。而农耕时代的人类在耐心等到第一粒好种子出现的质变点之前，可能等待了几百年。

在19世纪以后的工业时代，又经过无数个日夜的潜心研究，人类历史上出现了蒸汽机和发电机，这是工业时代的质变点。在那之后，人类获得了动力机器和空前的能源，突然间拥有了冶炼、纺织、交通技术和其他的一切。

再后面的事我们开始熟悉了，20世纪晚期，信息时代到来，淹没了所有人。而信息时代中R和N都发生了前所未有的变化，R再也不是匀速的自变量，N从0到质变点的距离可以被缩到极短。这个时代本身只有一个速度：幂次速度，这是所有相关行业的发展速度。具体到个人，如果设定与努力实现的D也恰巧是时代的D，就会亲眼见证一切曲线轨迹都在随时代一起疯狂上扬，而质变点如礼花爆炸般继续袭来。

当我们站在此刻看向未来时会发现，迎接我们的将是智能时代，那么效率最高的赚钱时间、最快的R、最短的N、最准确的D，也许都将投射在这个时代之中，和其他大大小小的变量一起在途中发挥作用。所谓的趋势、行业选择、历史流变、时代浪潮，对个体来说，都是在描述如何寻找和确认D，与谁为伍追求D，然后矢志不渝，埋头积累价值，这就是赚钱时间的要义。

这里再重复一下赚钱时间的基本观点：

1. 保持循环增强。
2. 时间不愿意回报涣散和没恒心的人。

长期主义的知行合一

做人要做长期主义者，喊这个口号是容易的。

做了长期主义的事，才算长期主义的人，这叫知行合一。

以下的事看似都是执行时间管理，但如果能坚持超过3年，即可自行判断为真正的长期主义者。

1. 计划以年为单位

由于日夜交替的自然法则，古代人类又很难预知明天的变化，就会本能地偏好用“天”作为计量单位。当人类敢于用月、季度、年做计划和安排预期时，那就标志着思维能力的进化。第一批学会种植的智人，就是第一批懂得等待的长期主义者，因为打猎、采摘当下就可收获，但种植却需要耐心等待一年。那种面对不可知的等待需要空前的耐心和勇气。学会播种之后耐心等待，让人类得以进化成更高级的人。

长期主义者既然坚信结果取决于足够长的时间维度，就需要计划和设计这个维度。趁早效率手册连续 10 年在末尾印刷“一生的计划”，就是在引导使用者以年为单位来考量每月、每天的事情，真正以年为单位做选择、做计划和思考问题。

这种做长期计划的时间管理方式通常用甘特图和计划表来完成，对应的是农业时代的时间管理方式。这种计划方法产生于农业技术逐渐发达的阶段，那时田地产能稳定提高，人已经可以做到以年为单位规划可预见的未来。这么看来，如果一个人还没有进行年计划的意识和行为，那么可以判断他的时间管理观念还停留于农业时代之前。

2. 每天要为自己安排赚钱时间

如果只有长期计划，不刻意安排每天的赚钱时间，就依然不是一个真正的长期主义者，幂次曲线和终极等式已经告诉我们这一切。

但是落实在时间管理的方法上，安排每天的赚钱时间是有客观难度的，尤其当我们还在戴有生存时间枷锁的阶段时。如何安排、腾挪生存时间和赚钱时间，是一个长期主义者的必修课。

到这里，就必须涉及工业时代时间管理的代表性方法论：四象限法则。

很多人都尝试应用过四象限法则去分配工作的优先级。但只有深刻理解了长期主义的真谛，你才会真正明白四象限法则中的“重要不紧急”是什么概念，这时候你才会知道，你未来的重大成果和生活质量，是由做重要而不紧急的任务的时间累计起来决定的，而这些时间就是我们所说的赚钱时间。

重要且紧急 ☐ ☐ ☐	重要不紧急 ☐ ☐ ☐
紧急不重要 ☐ ☐ ☐	不重要不紧急 ☐ ☐ ☐

四象限法则

你也终于理解，为什么再烦躁也必须找到方法高效做完“重要且紧急”区域和“紧急不重要”区域的事情，因为它们都属于典型的生存时间，只能解决你当下的问题，并不能创造你要的未来。它们完成得越快，你就获得越多的时间给到“重要不紧急”的赚钱时间，让自己在今天退回循环增强的幂次曲线上去，继续等待质变点的到来。

而四象限中“不重要不紧急”事项的名字始终带有功利主义的歧义。我们就是因为这样的定式思维和惯性分类把其他事务从生活中摘除的。当我们划掉它们时，我们划掉的就是自由自在，就是第一章效率手册愿望清单中那些美好的分类。

四象限法则来自古老的工业时代，那是个时间管理的“效率时代”，在隆隆作响的厂房中只关注如何完成绝对具象的目标，对事务的评判当然会被生硬地分为两种：提高生产效率的和降低生产效率的。但我们不是机器，我们写在“追悼会策划表”里的人生那么丰富，当然远远不是只有生产效率这么单调乏味。

“不重要不紧急”的事情也可能是有意义的事情，我们会让它们存在并带给我们此生应得的快乐，它们未来会出现在五种时间中的其他三种时间里。

3. 因为信所未见，所以延迟满足

长期主义者当然是相信未来的人。

延迟满足已经成为品质，人们用“忍耐、节制、韬光养晦、厚积薄发”来形容它，而品质是长期呈现的态度和行为。为了追求更大的目标，做到克制当下的欲望，屏蔽眼前的诱惑，把更大程度的满足感留在达成目标之后享受。延迟满足是长期主义者的一个特征，他们像当世的修行者，愿意沉下心来，深打一口井，苦练一个必杀技。

长期主义者都是行动者，因为相信前面有质变点，所以步履不停，知道如果中止前行，质变点就永远都不会到来。如果质变点现在没到，也只是代表暂时还没到而已。《终身成长》这本书里有这样一句话：“考试成绩和对当前成就的评估只会告诉你目前处在什么位置，而不会告诉你将来会达到什么高度”，在路上的长期主义者也这么认为。

人还是要选择做一个长期主义者，这样才不会因为某一次输赢，一时的绝望，一城一池的得失而把自己的能力认知固化。一旦思维固

化，脚步就停止，潜能就被埋藏，一生就卡在了那里。

4. 让雪球滚起来

终极等式和第三张图表展示完毕，长期主义者的定义就说完了，赚钱时间的要义也已经昭然若揭。

按照终极等式 $D=P(1+R)^N$ 选择值得为之付出时间的终极目标D，明确自己当下的核心竞争力起点P，确保自己的增速R，然后让N向无限大推移，等待质变点的到来。

现在还剩最后一个主要问题：如何找到D？找到雪球的核，让它滚起来。

理想中D的模样

最理想的D是可以被描述的，D就是P在未来的无限延伸。它应该处于“我热爱的”“高于平均水平”“市场需求”和“复利属性”的交集。理论上可以通过逐个比对去锚定P的位置，但在此之前，我们对以上4个区域都要有必要的了解。

找到热爱

找到热爱是最直接的，因为它完全来自你的主观感受。你为什么而投入、沉浸，孜孜不倦，废寝忘食，只有你自己最清楚。你热爱

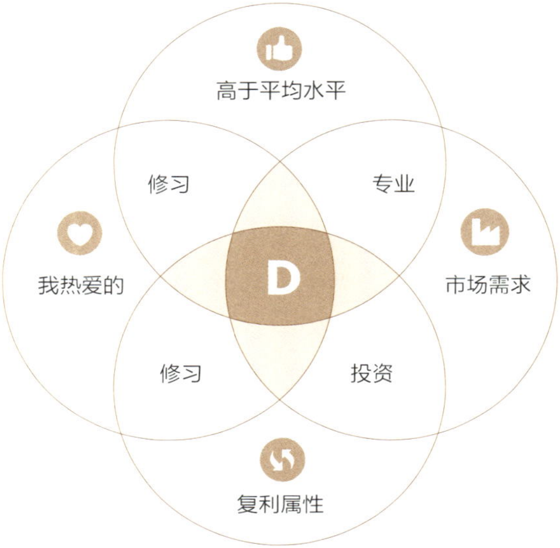

D的模样

的这件事必须有创造价值的可能，你在这之上浇灌的时间必须凝结在某种产品中，市场会给出价格，价格随着你不断做功有逐渐升高的预期，只有这样这件事在未来才配被称为D。

在技能和专业领域中，找到热爱的判断方法其实并不难，可以记住这句话——当热血涌上心头。当你面对一项事业、一个爱好时，如果出现了高度的热情，找到和记取那个时刻。

你也可以参考第一章中的人生起落图，观察你描绘过的低谷与巅峰，通过回顾这张图重新确认峰值所在的点。在你获得极致人生体验的那些时间点上，你曾做了什么事，什么样的成就和里程碑会带给你确定的极大快乐？你的燃点、嗨点、沸点之中，必然存在你的热爱。

以我为例，在大学毕业之前，我一直误以为我的P是我当时拥有的播音主持技术，D是做行业内顶尖的主持人和播音员。直到有个机会让我重新发现了自己的燃点，从此改写了我的D。

我大学的专业是播音主持，临近毕业时，我有一个月一边在电视台播整点新闻，一边给播音系的文艺晚会设计绘制舞台背景。每天下午我会在电视台度过，化好妆、做好头发，接过稿件小心翼翼地在摄像机前把别人写的内容读完；晚上我再回到学校继续做舞美设计，因为设计、绘画是我的爱好。晚会开幕那晚，我播完新闻赶到现场时，全场已经坐满了同学，黑暗之中，我看到大幕在音乐中缓缓揭开，灯光亮起，全场都在发出惊叹，那一刻我感到热血涌上心头，获得了作品被承认后的巨大满足感。那一刻的满足感远超过我每一次播新闻的所谓闪亮时刻。

至今那晚的大幕拉开都可以算作我人生的巅峰体验之一，也是从那晚开始，我清晰地知道真正能让我热血涌上心头的不可能是朗读别人的稿件，而是按自己的意愿创造作品，我的P存在于作品的创造当中，而未来的D也必将呈现于作品之上。那个瞬间带来的认知深刻影响了我后来的行业选择，于是我离开了电视台，进入了商业设计与活动传播行业——更靠近我心目中D的行业。

高于平均水平的P

热爱不等于擅长，如果希望让热爱成为D，核心竞争力起点P要经过行业平均水平的检验，需要通过努力使其高于平均水平。

我写下过“互联网时代,没有怀才不遇这回事”。我至今依然如此认为。

你需要主动判断你的水平处于行业中的哪个层级和位置，这意味着你需要了解行业概况。你可以通过查阅和咨询完成这项工作，但最好用的方法就是参与竞争或公开展示以获得评价。

以我为例，在我出版第一本书之前，其实对自己的写作能力没有清晰的认知，只知道自己有整理和表达观点的愿望。我的第一篇“公开写作”的文章是《写在30岁到来这一天》，发布在当时流行的博客上，得以正式进入公开视野被评价。之后这篇文章成为那个年代点击量超千万的超级红文，我的观点提炼能力和文字能力得到验证，我才判断出写作可能是我擅长的事情，可能确实高于平均水平。但从现在来看，写作的核心竞争力不是写作本身，是思考和表达的综合结果。

因此，在决心走上终极等式曲线之前，要认真、客观地审视自己选择的方向到底是热爱的还是擅长的，或者这份热爱有没有通过努力达到擅长的可能性。

市场需求

“是金子总会发光的”这句话，忽略了一个重要条件，那就是历史进程首先要选择金子作为货币。

市场需求很大程度上是由社会整体发展情况决定的，想判断一件事有没有市场需求，你可以参考一家创业公司怎么做市场调研。你可以像一个创业团队那样，从行业报告、需求场景、人群体量等多方面考量，以获得你选定的D所在市场的需求的概貌。

判断社会需求，指的是你所选定的领域是否为推动社会的整体发展和公共利益提供社会价值，比如环保、新能源、高新科技等领域。只有持续具备社会价值的产品和企业，才会在很长的时间维度内给你提供源源不断的满足感。这种满足感未来会超越我们所说的赚钱时间，晋级到更高的维度中去。

判断依据当然还有金钱，金钱是生产力工具，是桥梁和翅膀，是真实世界给我们的掌声。你的D赚钱吗？定价体系健康吗？利润率漂亮吗？

从信息时代到智能时代，幂次曲线当中的市场变化极快，我们几乎很难推演出我们的爱好和擅长的事是否在未来继续匹配市场需求，也很难从市场需求逆向推演培养自己的爱好和擅长点。比如几年前，有书法技能的同学还不能通过在线教育获得丰厚的收入，擅长在镜头前表达的人也并不知道直播可以让人获得深耕赚钱时间的机会。所以，你最初的热爱和擅长之处如此重要，无论时代怎么更迭，它们都自然可以帮你找到方向。

复利属性

“我坚信付出就有回报。真正的回报与所付出的劳动和艰辛之间，存在一种正比例关系。这就是我对我所有的发明，都很自信的原因之一。”尼古拉·特斯拉如是说。

我们进入赚钱时间，就是要告别希腊神话中的西西弗斯。西西弗斯受到了神的诅咒，每天只能推石头上山，晚上艰难推到山顶的石头，到早上又会滚落到山下，日复一日生活在生存时间中。

而我们有机会选择不做西西弗斯，摆脱诅咒，得到祝福。而最大的祝福就是踏上复利的幂次曲线之路。

沿着核心竞争力做能够产生复利效应的事，是赚钱时间的核心，也是当你做出关于目标D的重大选择时应该考虑的关键。我们是否找到了自己的核心竞争力，是否每天在做循环增强的事？这件事随着时间向前流动时，是否具有复利属性？

如果说有运气存在，运气往往就出现在长期积累后的质变点。优秀不是偶然的表现，而是一贯的卓越，当运气来临的时候，人恰好处在他本该在的状态。人的成长和发展从来都不是学习1 000个道理，而是把最基本的道理在他选定的道路上践行1 000遍，使它们最终成为自己身体的一部分。

现在，你需要的只是简洁地重复。选择一颗有核的雪球，选择一个又湿又长的坡，然后做一个长期主义者，展开行动，用你的手将雪球轻轻推出，让它在未来持续滚动。

我的理想D

D的寻找之路相当漫长，因为一个人能确定自己的核心竞争力起点P就很不容易。即使我画出了上面充满交集的四个饼图，看似勾勒了一个理想模型，但回顾这20年，我寻找P和D的难度大概是画出这个交集图的10 000倍。

先要克服虚荣，有时候，你以为你热爱的是这件事本身，其实你热爱的是这件事背后的虚荣。那么当这件事有一天无法带来预期的荣耀或荣耀不能再满足你时，这件事就很难继续维持下去。

我们在第一章通过追悼会策划表测试过什么是真正的毕生热爱，在这里是寻找D的一个重要参考。通俗来讲，当你在房间独处，谁也看不见你，当做这件事可能不挣钱，也暂时没人知道，你依然默默很乐意的时候，这件事向前指向的终极目标就应该很接近D了。

就像我大学专业选择播音主持一样，18岁的时候我幻想有一天美美地坐在电视屏幕里，大家都看着我。这就是典型的虚荣心，大家都看着我干什么呢？我其实并不会给看着我的人带来价值，我只负责提供朗读价值。给看电视的人带来价值的部分是播音员念出来的那些内容，而那些内容里描述的、足以形成新闻的事是另外一些人做的，那么我是不是应该直接去做那些有价值的事呢?

大家在探索D的过程中，遇到的第一个痛苦很可能和我的一样：所学专业和技能暂时集中在P，同时模模糊糊有个D，D虽然还不能具体描述成使命、愿景、价值观，但是有一点可以肯定，这个D基本和眼下的P没关系。当初我意识到我的P是对着镜头表达，而D似乎是创造能给人带来价值的作品时，就辗转反侧，越想越痛苦，感觉专业没选好，后半生都要荒废。人生明明刚开始，放眼望去，却看见各个行业热气腾腾，各路精英跃跃欲试，唯独我渺小而没有方向。

但我现在认为，在高考填报志愿阶段就为自己选好毕生的方向这件事一点都不现实，18 岁时我们为自己选择的是大学、城市和同学，这些分明是一种基础的人生秩序；选择的是在什么节奏中生活，与谁为伍，接受哪个学科的基础认知。在顶流的大学里，这些认知和秩序已经融汇在校训和校风里，体现在前辈和优秀同学的行为上，最后普遍的卓越成绩都是认知和秩序带来的结果。18 岁的时候我们努力高考，是为了把自己送进那个环境中去。

无论最后把自己送入哪个环境，无论修习什么专业，四年之后，所学专业和技能也只是暂时集中在P。只要前面还有时间，我们就有选择。为了追求D，为了建立新的P，环境和专业没给我们的，我们可以自己给；为了后半生，我们可以重建秩序。

既然寻找理想D和建立新的P的路程是漫长的，就得设法接受在很长一段时间内，自己的人生终极等式曲线可能会呈现第二种人生图表的样子。事实上那张图表就是我 21~35 岁的图表，在每个行业方向上探索一段时间然后又转向。我简历上写着播音员、公关公司职员、设计公司创业者、杂志主编，可我到底想干点什么呢？面对这样的生活，关心你的人一定会担忧，你自己也会，有能力的话谁不想踏上高歌猛进的坦途呢？

我大概在 35 岁时才算真正踏上自己的人生终极等式曲线，但在这之前的路上，在行业与行业的转换中，在“人生可能也就这样了”的自我怀疑中，我还有两个底层信念：

1. 只要我不停地做任务，就是在打磨P；只要我不间断地在尝试和思考中了解自己，随着时间推移，P和D会渐渐浮现。
2. 只要雪球已经开始滚动，无论往哪个方向滚，都会有雪多雪少、坡陡坡缓的区别，但雪球一定是在增大，只要滚下去，终有一天串起点滴。

Every man over forty is responsible for his face.

by Abraham Lincoln

每个四十岁以上的人都要对自己的脸负责。

——亚伯拉罕·林肯

04

好看时间　身体主义

“人和人的差异，总是先于思想、经历和教养，呈现于人前，铭写于身体之上。很多时候，试图了解一个人的人生，只需要阅读他的身体，他的身体忠实记载了他的命运。”

这句话我曾写在 2013 年出版的一本书中，现在回想，我是在那一年，在生存时间与赚钱时间的喘息之中，空前重视好看时间的。命运大概会有四个契机让你确定地想要好看时间，第一个出现在你于繁忙中病倒时，第二个出现在你裸体站在镜前审视自己的身体时，第三个出现在你看到极少数同龄人的样子时。还有第四个，当你发现，改变自己的样子，是你眼下唯一能改变的现状时。

无论是皮囊还是内在，所有呈现结果的事的内在逻辑其实一致，都在于你经过观察和体验，给自己设立了一个什么样的人生标准。这个标准在你内心里，达不到就难受，就辗转反侧。过别人的关难，过自己这关最难。

出场顺序

在 2018 年的每次“五种时间”现场巡讲中，好看时间本来是第一个出场的。在那时，我告诉大家它排在我的五种时间优先级的第一位，的确是的，至今也是。

但那时 40 岁的我忽略了一个重要的事实，那就是，好看时间是用了很多年才攀爬到优先级的顶部的。当我因为生存时间而体力不支时，当我在度过赚钱时间后喘息时，当我有一天终于达成了一个旷日持久的成就后，认真地照了照镜子，惊觉日程表里必须优先安排上这件重要的事情：我从此必须开始锻炼，必须开始养护身体了！

在时间管理觉悟的早期，人并不是真的要去管理时间，而是发现有些事情被逼着非做不可。当几件非做不可的事情堆叠到一天当中又时间有限时，人们才会开始思考排列组合。

好看时间按说应该是一件非做不可的事，但人们永远只会在赚钱时间启动后很久才会真的发觉好看时间不可或缺，我也一样。

就像手机电量充足的时候，你想不起充电这件事，只是一味地继续使用手机。当手机提醒你电量告急时，你才不得不去寻找电源。后来你找到了随时充电的窍门和节奏，一切就好多了，你因此信心十足地感觉手机可以一直这样用下去。

好看红利

马斯洛提出人的需要有一个从低级向高级发展的过程，第三层就到达了社交需要[1]，也就是说当生理需求和安全需求都被满足之后，人人希望自己招人喜欢，充满魅力。好看的人的确天然就招人喜欢，因为人眼对秩序感的偏好，那些符合数学比例的面容和身材一出现就带着光环效应，所以人人都想成为好看的人。

一旦我们意识到好看红利，就会开始源源不断地为此付出代价。首先我们会付出时间代价，会研究、对比和模仿，把能让自己变得更好看的时间都预留出来。然后是络绎不绝的金钱代价：穿戴、化妆、锻炼、养护和医美，以及其他可能让人变好看的一万种手段。历史上所有传说中会令人变好看的手段，无论科学有效与否，都有人用过。因为好看带来的好处实在太多了，你的外表和能力共同决定了你的命运。

在“五种时间”的现场课上，由于听课学员大多都是女生，“好看时间”这个分类出现后受到了一小撮男生的质疑，他们认为分类的意义能理解，但是名字过于女性化，不宜纳入概括性的时间管理，叫作“健康时间”更加富于逻辑。

如果一个男生因为在自己的时间管理列表中写下“好看”二字

1　心理学家亚伯拉罕·马斯洛在 1943 年发表的论文《人类动机理论》中提出需求层次理论，将人类需求从低至高分为：生理需求、安全需求、归属与爱的需求、尊重需求和自我实现需求。这种分层结构被广泛应用于社会学研究中。

而感到不适，那么这个问题可能关乎长久以来传统价值观的裹挟。人人都需要变好看，在“五种时间”里，好看不分男女。好看时间仁慈而宽容，在岁月中回报众生，欣然涵盖所有性别。如果在探讨时间管理结构的开端，男性就要主动把“好看时间”从自己的人生中摘除，这就意味着，未来人生也必定没有好看可以收获，那可就真的不会好看了。

更重要的是，在好看时间里，健康作为好看的必要条件，是必须存在的基础。在健康之后，追求还远远没有结束。

生命力的好看

这就关系到该如何定义好看。

审美当然是多元化的，但我们知道人类公认的好看长久地相似。我们会发现孩童好看，稚嫩的奔跑的动物好看，年轻人好看，运动员好看，凝神专注者好看，奋力拼搏者好看。最后我们发现，他们的好看根本上一致，来自生命力的好看。他们健康、匀称，神采奕奕，目光炯炯，散发着自然生机。

人类的审美在很大程度上关乎“生命力”的强弱。就像头发茂盛与稀疏，我们认为前者更好看，与树木花草一样，因为茂盛者更具生命力；同样，健壮比瘦弱更显生命力，挺胸比驼背更显生命力，皮肤有光泽比暗黄粗糙更显生命力。

在中国文化中，孱弱的美似乎一度被赞誉，但细看千百年来描述美人的词语——唇红齿白、明眸皓齿、翩若惊鸿、婉若游龙、荣曜秋菊、华茂春松，我们会发现所有赞美都归于人的挺拔或清澈，全是生命力充沛的特征。从古到今，人人都爱英姿勃发，欣欣向荣。

达成关于好看的共识后，可以先得出一个显而易见的结论：好看时间的重要占比是健身锻炼。细、白、软不代表生命力循环增强的方向，不一定是真正的好看。节食减肥会直接导致蛋白质缺乏和代谢紊乱，也不一定是真正的好看。年轻时的好看并不是因为单纯的瘦，而是因为匀称有力，年长后也一样。匀称有力需要长期持续的力量练习。

在自然生命力之上，人还用粉底、眉笔、腮红、口红来装扮自己，化妆就是一个把皮肤“底座”处理均匀之后，全面拉大面容对比度和饱和度的操作，所有的结果都是对有生命力的面容的一种“拟态”。无论蜡黄还是铁青，都处理成生机盎然、新陈代谢旺盛同时正处在发情期的样子。

香水是更加独特的伪装，就像动物散发气味的能力和健康程度、生命力强度成正比一样，当你早上喷过香水后散发着明显的体香，就是在告诉四周“今天又是生机勃勃、元气满满、激素旺盛的一天”。香水生意是个关于激素的生意，所有激素生意都是生命力生意，人们渴望生命力。

好看时间的定义是：安排出特定时间只用于做让自己变好看的事。

在“五种时间”体系中，应该集中关注和加强两种好看，第一是生命力的好看，第二是长期主义的好看。借鉴中国传统道家说的“内用成丹，外用成法”，内丹与外法，是完全不同的作用规律。内丹是修炼以和自己的身体达成契约，可类比规律性的健身锻炼是演员修炼的底子。而外法就相当于服装、化妆、道具，需要频繁变换。但真正的修炼目标在于，不扮亦是本尊。至于医美，医美如同恒久地化妆，也是外法，虽然也可以拟态充满生命力的样子，但终究不是内丹。

按时间使用功能的属性划分，只要划分了单位时间用于变好看，无论是内丹还是外法，都属于生命中的好看时间。好看手段繁多，健身锻炼、化妆美容、按摩泡澡、美甲脱毛、医美整形所花费、占用的时间，都属于典型的好看时间。但如果你想更恒久地和肉身达成契约，你需要重点安排的是“内丹好看时间”。

因此，你是否处在好看时间当中，是非常容易判断的。

【如何判断】

你会感到：常常主动追求；

你的过程：强烈地期待结果，有时为了目标可以忍受枯燥，甚至痛苦；

你会得到：（内丹）变好看、变健康；

（外法）一定期限内变好看，未必变健康。

如果成为“五种时间”真正的使用者和践行者，我建议你把认定标准定得苛刻一些，这样随着时间的推移在未来会看到好处。

1.需要在赚钱时间的基础上追求好看时间。因为随着时间的推移，你会发现，没有循环增强的内核支撑的人，终究只有不堪一击的好看。年轻时代，这两种时间的结果最好互为表里。

先确定你已经晋级到赚钱时间，晋级意味着你已经明确了赚钱时间中的D和P，并已经在有序推进N。在这之外，你开始有时间、精力和意识着眼于自身的良好状态。恭喜你，你已经进入了好看时间。

2.要按照1：1配比内丹和外法。原则上，二者所占的时间都属于好看时间，但为了效果，建议每半小时内丹配比半小时外法，循环相生。切忌只顾外法而忽略内丹，否则久而久之，外法的功力也消失殆尽。如果不炼内丹，那么使用外法时更要慎用医美整形，因为内丹的一口真气抵得上万千捷径。当你安排的好看时间里皆有“内丹好看时间”时，恭喜你，你已经进入了真正的好看时间。

长期主义的好看

长期主义的好看，在“五种时间”体系中，是应该集中关注和加强的第二种好看目标。

赚钱时间里，我提到了沃伦·巴菲特和滚雪球要义，但在此还需要提到关于他的重要的另一点：巴菲特99%的资产是在他50岁之后获得的。

由此就引出一个有趣的问题：为什么很多领域的大师都长寿？

其实大师与长寿的真正关系是：不是大师活得久，而是因为活得久他才有机会成为大师。

贝聿铭被誉为“现代建筑的最后大师”，他于102岁生日后去世。他一生中极为著名的作品——法国卢浮宫入口的玻璃金字塔落成时，他已71岁，又在87岁时设计中国驻美国大使馆，89岁时在自己的故乡完成苏州博物馆新馆的设计。可能在他70岁时，和他在同样水准的潜在大师也存在，但在那之后，贝聿铭又建造了30年房子，完成了一生中一系列的重要作品。

“寿司之神”小野二郎1925年出生于日本，如今已95岁高龄，曾是全世界年纪最大的米其林三星主厨，而《寿司之神》这部纪录片拍摄于2011年，当时他就已经86岁了。但就执业年头，料理界已无出其右者，毕竟小野二郎从事料理行业超过70年。

德国哲学界也做过假设，认为康德如果在57岁之前就去世的话，人类世界只是失去了一个自然科学家和不错的哲学教授；但是康德活到了80岁，得以继续深入哲学研究长达23年，于是德国多了一位人类历史范围内堪称伟大的哲学家和思想家。

并不是大师都高龄，而是高龄者才更有可能成为大师，因为根据终极等式呈现的幂次曲线上，他们有足够长的N来触发质变点。赚钱时间之中，最大的瓶颈是你的健康和你的生命。你此生是否能按追悼会策划表中生平所言实现愿望，前提是你能否活着见证自己的余生。

下决心，活着见证自己的余生，兑现以下两点：第一，有生之年不下人生这张牌桌；第二，时间看得见。

把好看时间贯彻到长期主义的维度，保障你的身体机器良性运转，才能健康地持续行走在终极等式曲线上，充满生命力地不断循环增强，让你的R足够高，让你的N足够久，亲眼见证质变点的到来，笑到最后。

身体主义

五种时间之中，只有好看时间聚焦于花时间关心和打造自己的肉身。

至此，务必将“内丹好看时间”安排进每天的时间管理之中。说白了，当你理解了五种时间的相互作用时，你应该开始调整作息和进行规律性锻炼，做一个真正的身体主义者。

好看时间可以防止你跌落回生存时间当中去。这里说的就是真正的生存，包括对应的脱发、虚弱、颈椎和腰椎问题，以及肠胃疾病，还有猝死。生存时间的底层问题不是疲于奔命，而是竟然已经没有体力去疲于奔命了。失去健康，赚钱时间再无意义，人便退到最低质量的生活。

好看时间可以引发具身认知[1]，具身认知这个概念可以帮助你马上

---

1 推荐阅读：《具身认知：身体如何影响思维和行为》，作者西恩·贝洛克是具身认知（Embodied Cognition）领域的重要研究者。具身认知理论主要指生理体验与心理状态之间有着强烈的联系，大脑可以控制身体，身体反过来也可以控制和影响人的思维方式和行为方式。简单来说，“身体的状态和动作”会对“大脑思考”产生强烈的影响。

开始，非常有用。当人积极做出身体动作，动作会反过来影响思维和情绪。一个人的思维、动作和情绪，是互为镜像的，而人的动作是自身很容易观察到的镜像。知与行之间并不存在必然的先后逻辑，行反过来可以影响知，而且“行在知前”在心理学上得到了论证。Just Do It（尽管去做），有着理论依据。

因此好看时间的管理，在于可以通过展开行为重启你的生活状态，这在人生低谷时期显得异常有用。在人生低谷期中，多思无益，需要立刻开始锻炼，站直、微笑，动作越多，蛰伏的力量越可正向积蓄，缩短走出低谷期的距离。

可参考的具身认知理论的研究案例还包括：

- 挺胸、抬头、不驼背就可以鼓励到自己，只需要保持“有力的站姿”几分钟的时间，就能增加心理力量感和冒险的意愿；
- 跑步确定会疗愈，在心情苦闷时，疯狂跑圈可以让情绪得到释放和缓和；
- 思路不通的时候来回走动，更容易催生新灵感。[1]

1 推荐阅读：《高能量姿势》，作者埃米 · 卡迪是一名社会心理学家。她的研究表明保持“高能量姿势”，即使在不觉得充满信心时，站起来装出一副很有自信的样子，也可以改变我们脑内睾酮和肾上腺皮质醇的浓度，进而影响行为。

具身认知理论也解释了为什么职业运动员的意志力更强，为什么喜欢运动的人更乐观，为什么演讲者总是喜欢用肢体语言。这个原理的所有叙述和案例都在论证一点：不要磨叽，请务必在今天的日程中安排好看时间。

好看的及格线

我大学时就读于中国传媒大学播音系，我认为在全中国范围内，强调将好看时间作为超级优先级的共有三大院校，其他两个分别是北京电影学院和中央戏剧学院。

虽然当时我的导师没有把保持好看的功课分成内丹和外法，但教学经验深厚的导师毕竟培养了一批批端正美丽、正大仙容的播音员和主持人。按照当时的说法，如果你发胖了以至于观众在屏幕上看到你的脸型发生了变化，你就是“对自己没有严格要求”“对业务没有精益求精”。这个职业从爱岗敬业角度要求从业者必须努力保持好看，从自我管理和优先级角度来看，则是“如果你想吃这碗饭，就别吃那碗饭”。在某种程度上，保持好看的外貌就是播音员、主持人的生存时间或者赚钱时间。

如果说播音主持专业的四年学习对我起到了重要的培养作用，那么除了用声音和语言表达专业，我还学到了怎么才能做到端起来吃“外貌”这碗饭。

养护外貌是播音系的一门重要功课，养护外貌的能力是一项重要的能力，如果想要在这门功课上取得优异成绩，首先要参加七门考试并且都及格，分别是睡眠、饮食、运动、遗传、环境、情绪、保养。而好看的外貌是这七门功课都达到60分以上并且综合管理的结果。

20年前，我认为达到及格线是了解它们各自的知识和原理并时时谨记。现在，我认为达到及格线的本质在于行动。

想要得到好看的结果，好看时间的优先级就必须得到保障。外貌这件事应该和其他所有事一样，是你的热情、认知、技巧、智慧，以及持续的行动和投入注定能获得的结果。人人当然都想健康、好看，但这里所说的优先级是将时间表严格地前置，你的身体机能和代谢机制不会自欺欺人，随便说说成就不了持久的美貌。

时间表严格前置的真实意思是，当我安排好在今晚8点到9点间健身，这一小时就成了几乎不可能撼动的时间段。不可能撼动是指，不让你的朋友、恋人、家人、孩子或者临时产生的工作随意占用或挪动这段时间。对它的坚定程度体现了你爱自己的程度，对属于自己的时间的重视程度，以及对生活节奏把控的程度。

比起这一小时的拖延或者取消会影响运动效果，更可怕的是，你内心会默认所谓好看时间的优先级，是可以被其他任何因素影响的。一旦闸门放开几次，它就会因为一连串的击溃，变得再也没有标准。你的七门考试常年都不会再及格。于是，随着优先级的消失，你的生命力和美貌也一起渐渐消失了。

始终是持续的优先级的甄选与落实，造就了每个人看上去的样子。

内丹在炼

我正式启动健身计划是在35岁那年，计划开始于2013年我的人生低谷，那时候女儿出生，我身材变形，公司转向，未来混沌不清。当时我做了三个决定：做一个中国文创品牌；开始连续健身；把健身计划以图文形式在互联网平台上公布，并和我的粉丝一起在线坚持100天。后来我把这些图文内容整理出版，计划和书名都叫“和潇洒姐塑身100天”。

也许是因为具身认知和健身同时发生着作用，我的情绪和状态乃至文创品牌从那时起都在发生正向变化（在这本书的第一章里，我重点还原了整个过程中的公司发展部分）。那时候，虽然我还没能学会用“五种时间”这样结构化的简洁方式来管理时间，但是，我找到了让健身成为习惯的方法，并让习惯延续了下来。这要感谢每一个在互联网上和我一起健身的人。

当时网上健身活动一直持续，到了2018年，我分别发起过三种长度的健身计划，21天的“山洞计划”、50天的“好看小巅峰计划”，还有“和潇洒姐塑身100天”。最初都是参与者自行坚持，但随着计划天数的增长，完成率越来越低，最后“和潇洒姐塑身100天”的自然完成率只有可怜的2.7%。人人都知内丹好，只是坚持做不了。

这几年最大的收获是，我和团队反复观察了线上健身人群的行动，也依据行为做了对照组试验，研究在什么情况下，规律性运动可以有效内化成习性。也就是说，究竟使用什么方法可以帮助人的运动与身体达成长期的有效契约。

直到2019年初，我和团队开始把方法依次加入线上小程序“趁早行动”的健身打卡计划中，真正论证了这些方法的有效性。在“趁早行动”中，团队一直在持续帮助用户养成健身习惯，在一年多的时间中，通过对照组等运营方式对超过30期打卡学员进行了测试。通过加强帮助手段，100天计划的完成率从之前的2.7%飙升到52%。2020年初，在“和潇洒姐塑身100天”进阶版中完成率达到了前所未有的74%。到现在，100天的线上健身计划参与者已超过10万，也成为我创立的公司“趁早”旗下的一项长期业务。

从2013年起，通过健身变好看这件事——“和潇洒姐塑身100天”成为一个雪球，一直滚动。

以下这套方法论专门适用于好看时间，是“和潇洒姐塑身100天”中的必做选项，可以说它来自一场规模化的行为养成社会试验。人性之中有懒和馋，人性也渴望健康与力量，人性是复杂的，需要引导和召唤。

当你正式启动时间管理中的“好看时间”后，请尽可能帮助自己满足以下7个条件，条件满足得越多，人群和个体成功概率越大，坚持健身100天的成功率从此可抵达52%~75%。

9:41
日历
2020.3月
日 8
一 9
二 10
三 11
四 12
五 13
六 14
07:30
分享
和潇洒姐塑身100天进阶版
89 /100
全勤
排行榜
完成
09:30
分享
2020趁早历
80 /366
全勤
排行榜
我要请假
打卡
12:00
分享
饮食瘦身100天
26 /100
全勤
首页
日历
星球
我

手机上的健身打卡计划

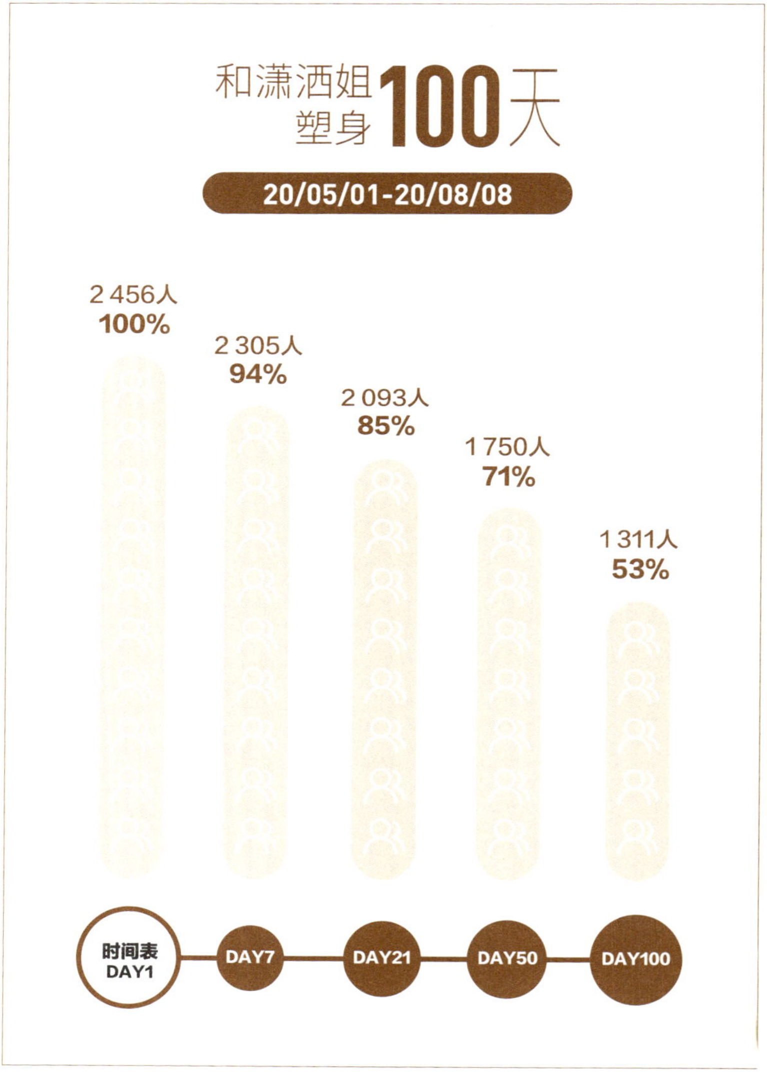

"和潇洒姐塑身 100 天"基础版的完成率图

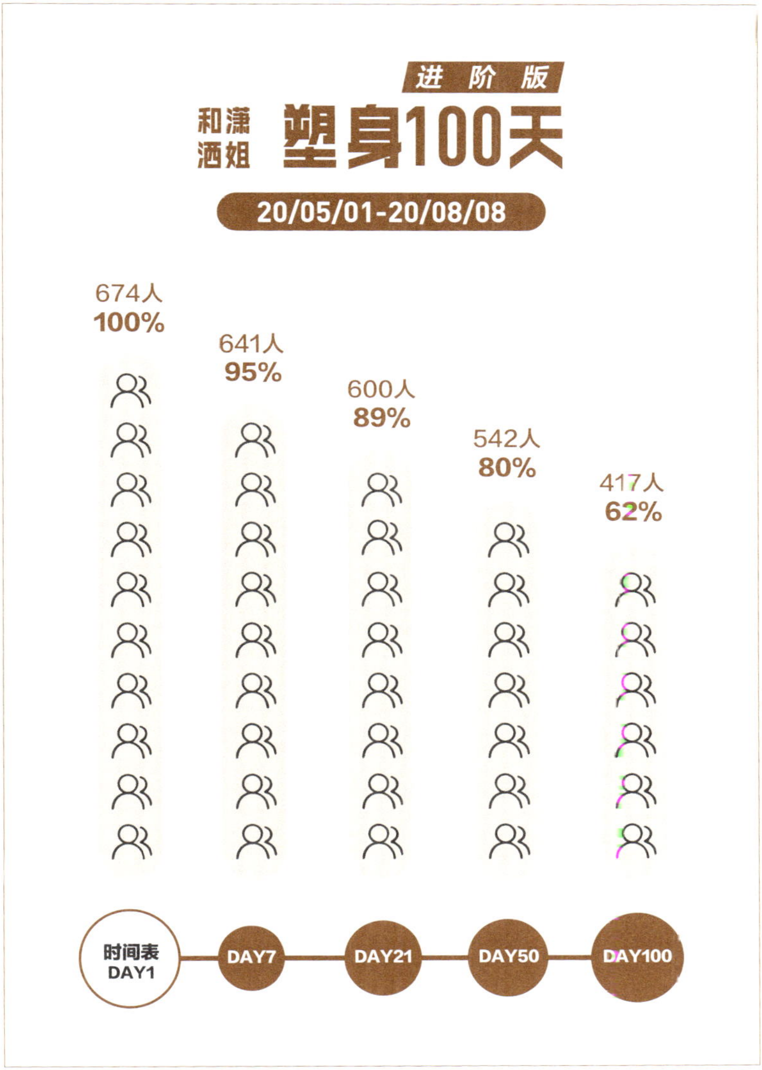

“和潇洒姐塑身 100 天”进阶版的完成率图

正视起点

脱光立于镜前，悉心观察自己。你之前呈现给自己和爱人的，都是这具身体。在“趁早行动”的“和潇洒姐塑身 100 天”计划中，我们引导大家不仅要观察，还要测量、记录，忠实记录量化结果是必做动作之一。

确立目标

100 天后的目标可以是状态描述，可以是身材指标，可以是过往照片，但必须用语言描述出来，也必须具体。最好敢于公布或者分享目标，这样有助于提高完成率。

监督制度

在计划进行过程中，团队设立了监督制度，比如有严格的截止时间（有效完成时间是每天晚上 12 点前）。这种监督制度有利于你在初期找到自己的节奏，从而养成习惯。

遵循计划

按照事先设计好的计划内容训练，比如每天练习 15 分钟 HIIT（高强度间歇训练），根据 HIIT 的运动原理，100 天后会获得肉眼可见的显著结果。每天都练是执行的关键，这样才可形成和身体的契约，把习性写入身体。

记录对照

打卡记录也非常有利于提升完成率，帮助人清晰认知自我管理的进程。第一次明显对比大概出现在 20 天后，照片的差异会让人获得极大的驱动力。相信微小积累的力量，正反馈从此开始。

找到同伴

线上社群同伴的见证、陪伴极大地有利于提升完成率。你会知道自己在努力的路上并不孤独，考验你的也正在考验着别人。

金钱奖励

自从“和潇洒姐塑身100天”计划承诺全部打卡完成退还挑战金以后，完成率就发生了质的飞跃。人性可爱之处，表现在怕失去健康与好看，但更怕失去金钱。

亚伯拉罕·林肯说每个40岁以上的人都要对自己的脸负责，我的理解是，一旦过了40岁，外法如果没有内丹来加固，就变得越来越不好用了。“内丹”就是用来巩固灵魂的方式。

中国道家谈“内丹”，说是以人的身体为鼎炉，修炼“精、气、神”在体内结丹，强身健体在先，再长期修炼，才可“成仙”。我借用内丹来比喻好看时间需要做的核心功课，也刚好把“精、气、神”对应到睡眠、饮食、运动，一个人形神兼备的好看至少是这三个因素综合作用的结果。

当持久地修炼到一定程度，一个人的外形和面容就会逐渐脱颖而出，而脱颖而出到一定程度，就有希望接近神仙了。

神仙也是凡人做，只是凡人志不坚。

我的容光焕发清单

“好看时间”中最核心的是，一个人要搞清楚世界上究竟有多少件能让自己容光焕发的事。把这些事用最短的时间找到、掌握并执行起来，让它们综合发挥作用，就会成为“五种时间”管理中的有效组成部分。以及，好看时间并不是一定要特意花时间才能执行，只有随时随地都体现在日常的秩序中，才能实现长期主义的好看。

以下是我目前已经研究并掌握的高效容光焕发清单，你会发现其中很多项目再次对应着具身认知，很多日常的事情不是因为感觉好了才做，而是因为做了才会感觉好。每一次感觉自己苍老又疲惫时，我会着重调整和执行下面的一个或几个操作。但成本最低的保养方式，是将这一切行为纳入天然的习性当中，习性会让人感到理应如此，无须费心费力坚持。

作息

如无必要不熬夜。值得以深夜不睡作为代价的事物是极少的。如果这一条无法做到，那么下面所有的条目就瞬间一起失效。

饮食

无条件吃早餐。长期不吃早餐会导致脱发，只为这一条也应该认真遵循这点。

多喝水。保证整个身体的含水量，一个人的含水量是肉眼可以看出来的。

吃到不饿就停止。吃饱不是以吃撑为标准，而是以吃到不饿为标准的。

短期调整饮食、调整状态。如果感到整个人昏昏沉沉，最简易的方法就是少吃碳水类主食和糖；如果感到饿，可以用同体积的肉类和蔬菜替代碳水类主食，保持 7 天以上，然后观察身体和外貌的变化。

姿态

不开心时就先锻炼。适度锻炼百利而无一害，简直包治百病。

无精打采时反而要挺胸。具身认知的重要体现之一，就是刻意让自己的姿态反过来影响感受，挺着挺着，人就振奋了起来。正如笑着笑着，人就真正开心了起来。

有意识地观察下颌线。下颌线的清晰度作为一个外显的形象指标，可以同时帮助我们自查两件事：是不是有着健康的皮下脂肪含量，是不是经常保持着健康的颈椎姿态。

物品

让衣服精良和简单起来。最贵、最精致、最大牌的应该是你本人，而不是衣服。选择衣服是为了匹配和衬托你，衣服应该很荣幸被你选中和穿上。

追求好看不分人前、人后。和自己喜欢的物品在一起，让好看的自己被好看的环境包围，独处家中也好看，无人看时也好看。

集中研究和购买。安排专门时间全情投入研究和采购物品，在单位时间内专心致志，买衣服也一样。吃茶时吃茶，念经时念经。

正向生活

多和夸你的人在一起，因为被夸会变好看。而且爱就要夸，夸才是爱。先大口吸纳积极的肯定，再继续乐观、谦逊地生活。

选择忽略负面信息。不主动围观和参与网络骂战，人与人天然不同，区别有如物种间那么多、那么大，与其奢望隔空理解，骂来骂去变难看，不如节省时间建设生活。

追求心流时间。关于心流时间及其好处，详见第六章。心流时间本身就可以是好看时间，人在心流之中面目舒展，时间凝滞，同时被所有积极情绪润泽。一天一小时心流时间，一年可由内而外保养 365 小时，心流是内丹中的内丹。

外法

这部分不再继续展开，否则内容就偏得太远。

外法涉及很多医学原理，确实需要花时间来学习和了解，学习过程也和修习理工科入门概念没有区别。如果想改善皮肤，需要在通读结构知识的基础上，掌握各种制剂和仪器对皮肤的真正作用；如果想改善身材外形，需要了解一些解剖学知识，弄清楚到底是身体的骨骼、肌肉还是脂肪层有调整的空间。如果将最根本的外法汇总成一句，那就是：务必常年坚持防晒。

任何人都有改变自己既有外形的权利，化妆、健身、医美都是改变外形的正当手段。凡是不可逆的医美操作，都更应该详细收集信息，和医生充分沟通，并承担结果。

最后要始终相信，持续和秩序中若没有内丹，外法都依然是皮毛而已。

虽然这本书里把好看时间作为第三种时间介绍，但随着年龄增长，你会给它时间表里最合理的位置。因为无论一生在追求什么，身体都是你的起点和归宿，也是有生之年灵魂居住的真正房子。

等你把“五种时间”都掌握了解之后，有一天你再走入一栋昂贵华丽的房子，看到一个皮肤暗沉、身体走形的主人，你就会知道，他弄错了真正的房子，也弄错了人生的秩序。

The time you enjoy wasting is not wasted.

by John Winston Lennon

所有你乐于挥霍的时间都不能算作浪费。

——约翰·温斯顿·列侬

05

好玩时间　收集世界

热烈欢迎你来到渴望已久的好玩时间。

每个人的好玩时间都是经由无聊时间变成的，因为无聊才是人生中的一种必然，而好玩并不是一种必然。也并不是只有精神穷困或者懒散怠惰的人才会经常感到无聊，每个人都会，因此每个人都需要好玩时间。

在好玩时间中，我们接受自己是人，允许自己有意志薄弱的时间。越是经历过长途跋涉的人，越珍惜眼下的休憩时刻。拖延和放空既不是错误，也不是时间管理规划中的一个故障，而是存在固有逻辑的一个部分。在好玩时间中，我们既可以没有具体的目标，也可以没有未完成的计划，只心安理得地寻求放松和娱乐本身。

想要构建坚韧、丰富、饱满的自我结构，好玩时间是重要的材料，它专门负责其中的“丰富”部分。

什么是好玩时间？

当突然面对一段可支配的空闲时间时，绝大多数人会选择做让自己舒适又不无聊的事情。

但需要意识到好玩时间首先是由无聊时间变成的，由于无聊是一种让人难以忍受的低兴奋状态，人们会希望自己能有做点儿什么的欲望，能从什么地方为自己找到乐趣，而不是呆坐在那里。

我自己绝大多数时候开始阅读，都不是因为渴望变渊博，更不是因为自律和勤奋。很简单，就是因为无聊才寻找意思，书是陌生人写的，写的又是陌生领域的未知之事，整个体验和找一部美剧来看相似。如果这本书、这部剧真的看进去了，那么好玩出现，无聊被覆盖。我在看书、看剧的这段时间里就获得了好玩的满足。

但是，很多时候这些满足未必真的能够获得，很可能看了一小时后发现索然无味。即使是别人高分推荐的内容，也依然不能引发我的兴趣，于是我合上书或者弃剧，那么这一小时里我为自己找乐趣的努力失败了。好玩时间度过了，但我没获得确定的好玩的感觉。因此，这个时间分类方法和属性与赚钱时间一样，好玩时间是主动选择投入用以获得乐趣的时间。但是很显然，如同投入赚钱时间并不一定能够赚到钱，投入了好玩时间也不代表一定收获快乐。生活就是这样，痛苦或者无聊的出现总是比快乐确定得多。

关于好玩时间的定义有个重点：这段时间是我们主动选择的。我们有充分的自由意志选择让这段时间存在，包括这段时间存在的长短和频率。成长于应试教育的环境总会给我们一种错觉，就是如果人没有建树，就不配玩，玩与等比例的努力适配。人出生后天然就爱玩，也应该玩，就像小猫爱追逐尾巴。绝大多数人追求的自由生活的一个理想图景，都包括随时随地随心玩，长久地玩下去。

也许是为缓解劳累或者奖励努力，无论出于什么动机，我们都可以按自己的意愿选择好玩时间。至于和其他几种时间怎么分配，既需要考量我们的长期愿望，也需要兼顾我们的短期感受。舒适总要付出代价，想要进步当然也要适当牺牲舒适，没有什么是不需要付出代价的。

如果说好玩时间有长期的价值，它也并不在好玩时间之内发生。其实从获得乐趣出发做的尝试，能够把我们引上很多意想不到的道路。很多人都是在一段百无聊赖的时间里无意中迈入了一扇门，发现了未来的道路、终生的爱好，甚至是人生伴侣。足够长的好玩时间为这些可能性提供了一个足够大的池子，让体验和选择呈现多样化。

每个人选择的好玩时间内的具体项目会区别很大。同样的活动（比如钓鱼、听歌剧），对一个人来说是确定的享受，对另外一个人却是折磨。“五种时间”的重要功能，是帮我们清晰地觉知自己所处的时间属性，以获得自洽和心安理得的自如感。好玩时间的当下觉知功能同样十分必要，当你的朋友邀请你一起唱卡拉OK的时候，你会知道，你未必在这段将发生的好玩时间中获得和你的朋友相同分量的娱乐，甚至对于你，唱卡拉OK其实根本谈不上娱乐，你只是为了克服无聊而加入了他们。

有的人会精细计算自己的可用时间范围，然后把绝大多数可用时间长久投入一个爱好，即使这个爱好只让他自己快乐，不产生名利，也并不被别人理解。有的人会投入好玩时间去体验世界的多样化，去参与别人的活法儿，去吃东西、看电影、旅行，用好玩时间兑换不确定性带来的惊喜。他知道惊喜并不会一直出现，只有肯走出去拿时间换才会偶尔出现，而不期而遇的快乐是其他时间里无法获得的。这两种人在做过追悼会策划表之后，知道一生中时间和空间的局限，会很介意是否能用有限的时间把局限的边界向外推一推，推到对此生而言足够大的地方。

我就是这样安排自己的好玩时间的，实际上人到中年，每次还能遇到感兴趣的事物时都会对世界产生感激，这样想着："天啊！可太好了，我又遇到了一个东西、一件事、一个人，还能带给我少年般的好奇心。"好奇心诱发生命力，好玩时间与好看时间是有生之年中好奇心和生命力的延续。在我目前的"五种时间"优先级中，好玩时间是继好看时间之后的第二顺位。

越到中年，在"五种时间"的优先级上，好玩时间越会前置排列，你渐渐允许自己的爱好非常自我，不被他人理解，也允许自己拿时间换不确定的惊喜。越把好玩时间前置，体验越丰富，也越觉得之前的生存时间和赚钱时间有了价值，好看时间有了用武之地，生命没虚度。越到中年，也才越会理解好玩时间之所以占着人生所有无聊和无用的时间，是因为在其中，有着比好玩更深刻的意义。

挣脱信息流

好玩时间意味着，我们可以主动安排一段时间，不为收入，不为健康，不为人生意义，也不为追悼会策划表上的那些生平，单纯为自己能高兴而设置。本来“千金难买我高兴”，快乐来的时候你自然知道它是快乐，当你真的计较它的收入和意义的时候，它反而不再是快乐了。快乐到随它去和不计较的程度，简直就是幸福。

至于这种快乐到底是浮浅的还是深刻的，到底能够带给我们什么样的具体感受，其实和我们是否被事物吸引一样，自己是不能控制的。但是为了不期而遇的惊喜、好奇心和人生体验的丰富程度，我们决定有意识地拥抱它，直接表现为我们在时间轴上给它留出时间，因为如果不计划好玩时间，惊喜就不会来。

好玩时间和其他时间的区别，正是第一章里提到的愿望清单中的大概率快乐的统计结果：

> 在属于自己的时间面前，你永远有选择。
>
> 当你终于拥有一段空闲时光，同时拥有一个手机时，手机的界面就好像在向你疯狂发问：你想找点好玩的东西吗？
>
> 于是，你开始在手机上滑动手指。

我很想说“五种时间”体系对所有时间的选择一视同仁，因为一个人如何度过他的空闲时间是自由的，但有一种情况很容易让你误以为这样做是你自己的选择：由于你在一天中的其他时间被他律占用，你太想为所欲为地度过终于属于自己的时间了，于是你开始报复性地挥霍时间、享受无所事事，以对抗白天的目标和纪律。

一个典型的表现就是，你让自己疲惫的身体瘫倒在柔软的沙发或者床上，然后，开始在手机上滑动手指，心想："我要为所欲为地刷手机！现在的时间终于属于我了！世界这么广阔，让好玩的东西都放马过来吧！"

智能时代中产生的信息流对人脑的干扰，对时间的可怕抢夺就开始在这一刻。

你的愿望很简单，希望屏幕上能出现一个吸引你的事物，可能你滑了一会儿，这个事物却迟迟没有出现。比迟迟没有出现更可怕的是，吸引你的事物出现了！你看了1分钟并且笑出了声，感受到一些小快乐，随后吸引消失了，于是手指继续滑动1小时，等待下一个吸引你的事物出现，以求再次收获那个被吸引的瞬间，因为疲惫的你很想再次笑出声。在滑动的间歇里你想着："白天真是太难了，我希望我一生都能像现在这样躺着，拿着手机，为所欲为。"

假设只要成功按下一个按钮，小白鼠就可能得到一个食物球，那么小白鼠会彻夜按那个按钮，即使食物球没有出现，它也不会停止，因为它永远带着下一次会出现食物球的希冀和幻想。毕竟提供给小白鼠的按钮是人类精心设计的，小白鼠只要按下这个让其无法抗拒的按钮，就无法与之抗衡了。

然而，小白鼠在食物球出现的时候分泌多巴胺和你在笑出声那一刻分泌多巴胺一模一样。绑架小白鼠的多巴胺也顺利地绑架了你，你进入了“多巴胺循环”，自愿对此上瘾，并建立了根深蒂固的消遣方式。多巴胺在你的大脑细胞之间传递着信息，让你生出渴望和欲望，期待继续出现有趣的内容。

此时此刻身穿白大褂的研究者正在俯身观察着不停按按钮的小白鼠，记录它们按动的频率和热情，计算着多巴胺的剂量；而与此同时，交互界面的滑动和观看数据被集成到一个远处的模型之上，在那里有一些和“白大褂”类似的人，他们正在冷静地观察和分析你。而你还在连续不断地滑动手机，就像实验室里的小白鼠，就像赌场里不停拉动老虎机的人，希望下一次会赢。

设计交互的人再一次成功实施了计划，他们很厉害，可以做到让人不停地翻页，试图找到什么东西，但人们找到之后也只会稍作停留，他们的设计让这种体验根本没有尽头。你认为自己在积极耐心地等待“好玩”出现点亮你的百无聊赖时间，但结果刚好相反，你把自己可支配的空闲时间用无聊又填充了一遍。在宝贵的空闲时间面前，你拱手出让自己的选择，问题是，这种选择甚至连无聊都没有覆盖。

这就是“注意力经济”正在做的事，他们研究你的无聊程度，刺激你多巴胺分泌的节奏，在本来可支配的时间轴上，让你的时间不是被这个占据，就是被那个占据。时间本来归属于你的生命，但此时被免费出让了，连同你的精力、个性、自由和所有机会成本，它们都作为代价支付给了这些蚕食时间的交互界面。当你躺下慵懒地滑动手机时，你认为界面是让自己尽情娱乐的工具，而实际上，你的生命却在被这些工具尽情使用，连同那些你贡献的使用时长和点击量。这么看，你更像是它们勤奋的无薪员工。

而你原本以为，是自己主宰了自由的时间，可以做到有控制地失控。

"五种时间"体系下的时间管理观点认为，人有自由也有必要为自己安排好玩时间，甚至在明知被多巴胺绑架的情况下，预先给出这一小时，让自己被绑架得明明白白。漫无目的地玩游戏、玩手机并不是一无是处，它们对你而言可能就像哭对我而言一样重要。哭不能解决一切，但是哭能释放我的压力 。

包括在这本书的创作期间，我使用了强有力的控制方法才保证了进度。只要开始写作，我就预先把手机放到远离书房的位置上，因为但凡手机还在手边，我的手就一定会不由自主地伸向它，当我意识到的时候，发现自己的手指头已经在滑动屏幕了！我决定，与其被那帮设计手机交互的人用多巴胺绑架，不如先用特定的事情绑架自己。在有限的时间里，后者可能还会被纳入我的长期主义循环增强曲线，更重要的是，后者似乎保住了我作为人的自由意志。

当然，在我完成 3~4 小时的连续写作之后，我会以胜利者的姿态坦然地拿起手机，大肆地刷起来，感到这一切乱看都是我应得的。这时我还淡淡地看了一下时间，决定再高傲地刷上半个小时。顺利克服困难完成大型任务也会刺激大脑分泌多巴胺，这拨多巴胺的剂量足以淹没刷手机带来的剂量。于是真正松弛的我选择为自己安排好玩时间，欣然在手机上滑来滑去，感受到自己对生命深深的主宰。

处理失望

除此之外，好玩时间带给我们的重要时间管理能力之一，叫作处理失望。

很可能有一周我很忙，忙到整整一周里只有一个下午的空闲时间。我本来的计划是在家阅读和看电影，但收到了一个聚会邀请，刚好是在那个下午。邀请者说聚会内容丰富，来的人又有趣，大家可以互相认识，于是我欣然前往。

我为何前往呢？因为对聚会有好奇心，有对未知事物的期待。很显然，参加聚会和在家阅读一样，对我来说都属于好玩时间，是为了获得有趣的体验而主动投入的时间。参加聚会的结果不外乎两种。第一种，聚会内容真的丰富，来的人也可爱，聊的天儿多样又开阔思维，我笑了很多次，竟然还获得了几个颗粒式启发，记在我的小本本上。但未知聚会的结果当然还会有第二种，到场10分钟我就会想“还不如不来在家歇着看书呢”。当这个聚会上的话题与人物和我想象的南辕北辙，我就会后悔自己的决定，甚至还会迁怒于不明白状况的邀请者。

当情绪出现时，来自“五种时间”的另一个我会轻拍我的肩膀问：“嗨，这段好玩时间是不是不够好玩？”

对呀，这就是好玩时间，当你还怀有好奇心，想走出去、想参与、想体验的时候为此付出的时间。当我决定投入时间的时候，就要知道，可能会收获“好玩”，当然也可能收获“不好玩”。但我也会知道是什么人、什么事、缘何不好玩，这些是我未来重新做出选择的依据。我更会知道，只要我还保有好奇心，还期待来自这个世界的启发和点亮，我就会永远渴望走出去被打动。在世界展现给我的这个巨大的交互界面上，我和小白鼠一样，愿意投入一段段时间，一次次地按下按钮，看世界还有没有惊喜给我。每当我遇到新的惊喜，就又一次信任了我的好玩时间，好玩时间需要代价，需要冒险，也需要承受失望，下一个惊喜才会出现。

比好玩时间内没有收获更令人失望的，是我们的好奇心已经无法被激发，不敢或者不屑于按下按钮了。当我们对还没有亲身尝试的事物说“就那么回事”和“不过如此”的时候，我们就失去了好玩时间，好奇心也随之失去了。那个时候，真正的厌倦、乏味和无聊就会席卷我们内心，我们大概就真的老了。岁月使你皮肤起皱，但有一天你若失去了热忱，苍老就损伤了你的灵魂。

因此，那天在聚会后的失望中回到家的我，依然会在未来源源不断地为自己安排好玩时间。我可以翻开新的书，看新的电影，遇见新的人，感受失望或惊喜，但不会停止在世界给我的巨大界面上滑动我的手指。

获得哲学性无聊

我常常想，一个人的结构，会生长于两种时刻，一种是人生中的艰难时刻，因为要解决问题，就要搞清楚面对的是什么；另一种就是无聊的时刻。如果没有那些漫长的空虚，应该连这本书都不会出现。

人必须接受和允许自己无聊，接受和允许就连时间管理中划分出的好玩时间，也有可能是无聊的。

在人生的早期，我曾经无数次对自己感到厌倦，以至于真真切切感到了恐惧。这种感受可能出现在任何时候，包括得不到的时候，得到的时候，不知想得到什么的时候，以及中间反反复复的确认和提问之中。现在回忆起来，都是各种无聊串起了痛苦的人生低谷。这就完全对应了叔本华"人生如同钟摆"这个绝妙的形容，同时也对应了对萨特观点的阐述：淡漠性倦怠等同于认可人类生活本就是荒谬的。哪怕我已经领会到人生进展可以循环增强，或者说成长需要足够长的时间，但还会感到时间像连绵不绝的旷野一样，等待遥遥无期，空虚这时会再次袭来。

我想说的是，了解到这些之后，就可以有意地安排时间并感受它的无聊，无聊会让人痛苦，而痛苦之后人一定会思考。正是无聊所带来的持续性痛苦，使它具备了启发思考的潜力。人会通过创造性的方式寻找快乐，应对旧的状况。无聊是行动的催化剂，会刺激我们改善、提升、探索，装修房子、培养新爱好或者找一份新工作。无聊会让我们找到随便什么欲望去填满空白，让我们在各种尝试中辗转，却无法满足任何一个欲望。这些都会发生，最终让人有能力区分出热闹和丰富。

当好玩时间的功能到达这里，你可能会体味到一种相当高级的安静的快乐，因为这根本就是一种思想活动。在这种时间之中，你会像伟大的哲学家一样，明白这是一个机会，一个顿悟的时刻，而剩下的要由你决定。你可以思考、反省，最重要的是享受你的无聊，因为无聊时你没有别的东西可以享受。无聊是人生向我们发出的信号，但只有我们自己才能提供解决方案。无聊应该是一段生活的序幕，而不是尾声。

收集世界，直到让你的价值观下起大雨

随着人生阶段的变化，可玩的选项也在不停地变幻。

早在手机时代之前，高中时代的我沉迷过至少两个PC端（个人电脑端）的养成类游戏，一个叫“美少女梦工厂”，一个叫“卡耐基人生指南”，游戏当真是多巴胺绑架的利器，我都是在高二暑假里熬夜打到通关的。通关之后游戏呈现了人物结果，由于在每个关卡我都替养成人物做了选择，最后美少女成了画家，卡耐基人生指南里的人物成了导演。

暑假后我上了高三，在根据科目学习情况思考如何报考大学志愿的那段时间里，我意识到真实人生里的一切和游戏中一样，我需要不停地练号，做任务，并在关键时刻做选择。这个世界就是为我准备好的游戏，沉浸其中把它玩透，做好高考这个大任务，是我当时的最好选择。而之后还有一系列的选择，会像在游戏里决定美少女长成画家那样，决定我最终会成为什么。

如果这样看，真实生活的刺激、好玩应该远远超越游戏，因为全程奖惩始终悬而未决，且只有一条命。难点在于，需要花上大力气研究清楚这个游戏复杂变幻的规则设定。按照今天我理解的多巴胺电化学信号原理，既然游戏中设计的定期定量刺激，会让人分泌多巴胺并上瘾坚持玩下去，那么真实人生中，我如果能找到某条路径，发现规律，让其中存在的奖励设定刺激我的多巴胺分泌，我也可以作为这个游戏里的小白鼠一直不知疲倦地玩下去。

接下来我需要做的，就是拼命寻找适合我的这条充满奖励的路径。那么多行业、活法儿和爱好，都有人兴致勃勃追逐，如醉如痴，说明万般都好玩，万般都是游戏。每一次我转换行业，也都是向着好玩时间出发，都是踏上了寻找奖励路径之旅，为了找到它，我可以允许自己失望 100 次。

在寻找途中，大学期间我还见到更多的活法儿。校园里的理科学生为了考试规律地早晚自习，步履安静而匆忙；隔壁的文科学生为了创作彻夜喝酒，还会弹琴唱歌、高声吟诵。有天早晨，我在楼道里扶起一个宿醉的女生，她说：“就是要过如酒般的人生，或许有利，或许有害，但我的体验远超利害，我的作品就是要让你们的价值观下起大雨，你们这些人不好玩，你们不懂。”

当时我想，真棒，价值观可以下起大雨。再后来我才知道，酗酒也是由于多巴胺的分泌和上瘾，与其说酒精催生了多巴胺，不如说在多巴胺的环绕中，人会更爱自己的作品。人类的大脑机制本身就需要事物去循环刺激多巴胺分泌，不是对这个上瘾，就是对那个上瘾。

下一次你拥有一段空闲时间可以自由支配时，你会知道，你正站在一段好玩时间面前，而大脑中的多巴胺正在蠢蠢欲动。你要做的是选择接下来让它因什么刺激而分泌，是手机、游戏、一段冒险，还是踏上一段人生奖励路径的寻找之旅。

从体验清单到创造清单

2014 年，在我创立文创品牌的第二年，我和团队设计了一个本子叫作“遗愿清单”，里面有一系列的引导内容，协助使用者填写下终其一生要完成的所有事情。遗愿清单在全球各种社交网站上都是一个著名的tag（标签），并含有上万个条目，像一个多巴胺巅峰大全，汇总着地球上的人类在有生之年能够到达的最宏伟瑰丽的地方，能体验到的最刺激、最触发情感、最刻骨铭心的极致的事情。

遗愿清单本身就是好玩时间的超级集合，如果你也认为此生一个很重要的意义是探索可能性的边界，达到体验最大化，那像这样的遗愿清单就值得列一个。当手中有了一个还没玩过的地方的列表，假期和空闲时间就很容易被填满。我和大家一样，在清单中首先写上了我想象中所有能发生在浪漫远方的公认美景体验，包括看火山、看日落、看金字塔，跳伞，观鲸，游少女峰、塞纳河、泰姬陵。然后我开始一个一个地争取到达，完成打钩和照相，认为这是好玩时间里重要的事情。

但是，2015 年初，在一次跳伞之后，我意识到一件事，从此更新了自己的遗愿清单。那次跳伞前后发生的事，大幅度地影响了我对有限人生里“好玩”的定义，未来我一定会写下这个故事。就现在讨论的遗愿清单而言，如果你正在或者已经起草，我强烈建议你把它分成两个不同的部分，一个部分叫作“体验清单”，而另一个部分叫作“创造清单”。

所有还没有去过的远方，没有尝过的东西，没有见过的风景，都是“体验清单”之中的，代表热闹的多样性。它们的特征是只要你在地理上到达了那里，这些打钩就基本都能实现。比如身在南极就大概率会看见企鹅，身在冬季的北欧就大概率能看见极光。甚至跳伞和乘坐热气球也是一样，只要你让自己出现在那里，经过专业人士的操作和带领，这些你就都能完成。总之“体验清单”在于肉体前往和眼睛看见，只要能满足时间和差旅的条件，你就可以从现在开始计划所有可完成的体验。

而“创造清单”上的东西则不同，它们需要你把目标绩效化和量化，再努力争取才能够打钩完成。对人生边界的探索，对体验的密度和深度的追求，是靠“创造清单”来实现的。“创造清单”上的事项包括跑完一场马拉松，读完一个学位，考取潜水证，学会单板滑雪，写完并出版一本书，见证自己练出“马甲线”，用英文演讲，开办一个公司等等。等你实现以后，你才会发现，你体验到的根本不只是这场马拉松，也不只是那张潜水证。

“体验清单”是颗粒的，而“创造清单”是线性的，如果你想让好奇心获得持续满足，就需要打开门让自己进入那些线性旅程。之所以会有不可预期的收获出现，是因为在线性旅程中有某种机制会推动着你前行，这机制逼着你到达一个新的高度，新高度上的世界当然会有确切的不同。创造比体验更好玩，玩起来更投入、更持久、更欲罢不能。

遗愿清单就像一个为自己编纂好的“好玩时间”最高版本，供抽离此地此身时使用。如果日常生活太紧张或者太乏味，而空闲又太来之不易，人应该去做积攒了很久、最想玩的事情。在极致的好玩时间里，你应该让自己处在永远都不知道下一秒会爱上什么的期待中。

而遗愿清单执行到现在，对比了“体验清单”和“创造清单”给我带来的生活，我认为“创造清单”一定是“体验清单”的进阶版，而创造是更深刻的体验。实现好玩时间的能力根本上也不在于到达目的地和购买机票的能力，而是一种精神能力：去玩的永恒好奇心和永远玩下去的生命力。

生命不好玩，还有什么意思呢？

We create ourselves by how we invest this energy.

by Mihaly Csikszentmihalyi

我们通过如何使用这种能量来创造自己。

——米哈里·契克森米哈赖

06

心流时间　奉若神明

“五种时间”真正的核心，在于本章与下一章之中，因为从此你需要对应用注意力的习惯做一个极致而永久的调整。

多年以后，最理想的回忆方式，就是你能够清晰地知道有那么一年，或有那么几年，你曾经倾尽全力用全部身心做过一件事情，同时获得过无与伦比的感受，并依然在源源不断地获得穿透时空的奖励。其他时光都轻飘飘地滑过去了，而你身上依然留有那段时光浸透下的质感，你知道与那样的岁月相比，其他千百件事都只能算是浮光掠影的幻觉。

在那段有如神助的日子里，你曾经脑洞清奇，思如泉涌，在一天结束时眷恋不舍地入眠，又迫不及待地渴望第二天的来临。在那段特殊的历程当中，你倾注了情感甚至生命，当午后的阳光照在你的书桌上，你竟然感觉日光在和你一起敲打键盘，你似乎可以一直这样敲打下去。

你怀念那样的岁月，也怀念那样的自己，你渴望生活能够重新变得容易理解，你的身心可以再度澄明和充满层次，似乎有种生命法则你曾窥探，如此优雅而简单。

什么是心流时间？

这章会讨论不可知论[1]者涉及的领域，我们会努力理解其中的已知部分，首先需要从科学角度理解当一些现象发现在我们身上时，到底是怎么一回事。更重要的是，通过训练使自己有方法、有能力让一些最优体验重复发生。

如果一个人能随心所欲地进入心流，而不受外界条件限制，他就已然掌握了改变生活品质的钥匙。要相信世界上有无限接近这种状态的人，真正智慧的人也不会放弃成为这种人的可能性，因为这是人类可知的当下体验最好、创造效率最高的极致状态。可以说，心流状态就是人们追求的幸福本身。

心流时间，就是我们为获得心流体验而选择付出的时间。按前面四种时间的逻辑，这已经很好理解，这里面的难点是，心流到底是一种什么样的体验。

1 不可知论（Agnosticism），或称不可知主义，是一种哲学观点，由英国的托马斯·亨利·赫胥黎创造。这一理论认为形而上学的一些问题，例如是否有来世，鬼神、天主是否存在等，是不为人知或者根本无法知道的想法或理论。

米哈里 · 契克森米哈赖是第一个用心流[1]为这种人类心理现象命名，并用科学方法对这个概念展开深入研究的人。

米哈里教授最初的研究出发点是：为什么很多人明明过上了富足的生活但还是不快乐？同时他试图从另一端进入展开这个研究，那就是，人们都是在什么情况下会感到无比快乐甚至幸福，人们又是如何获得和评价这样的快乐和幸福的？

这一章中米哈里教授的研究结果是我们对心流时间乃至“五种时间”的重要认知基础，这个认知也同时作为前面几章的解释——当生存时间这么痛苦，我们应该逾越到哪里去？赚钱时间的终极目标在哪里？以及，从好玩时间一直向下追寻，到底什么是好玩的尽头？这一章是所有章的去向和解释。

就个人而言，我对心流体验深信不疑，因为绝大多数时候我的写作都是在心流中完成的，最好的决策都是在心流中做出的，最幸福的时刻也都是在心流中抵达的。在还不知道世界上有“心流”这个名词之前，我自己用“上身”这个词来形容那种特别的感受。仿佛有一个更厉害的我自己或是什么力量，它能够在长时间的沉浸中降临到我的身上，挡开外面的事物和声音，让我置身于一个奇特的罩子中；它还会调动我的大脑和双手，让我理解原来无法理解的问题，获得灵感进行新的创造。在那种状态中，除了感觉不到时间的流逝，我的身体

1 推荐阅读：《心流》，作者米哈里在书中详细讲述了心流的相关测量试验、构成要素，以及心流在生活中的具体应用。如果想从积极心理学角度了解“心流”的完整概念，可以阅读这一本入门。

也会变得轻盈，漂浮着，就像周围有水流托举着我向前奔涌。

据说米哈里教授之所以给这种感受命名为“mental flow”，就是因为描述者都描述了一种奔涌和洪流的状态。

研究过程中，米哈里教授观察调研了运动员、艺术家、国际象棋手等不同人群，这些人所描述的最幸福的时光都是他们全身心投入某件事的心理状态，感受也颇为相似。米哈里本人这样描述心流的体验和定义：

> 你感觉自己完完全全在为这件事情本身而努力，就连自身也都因此显得很遥远。时光飞逝。你觉得自己的每一个动作、想法都如行云流水一般发生、发展。你觉得自己全神贯注，所有的能力被发挥到极致。
>
> 心流是一个人对某项有挑战性、有难度的活动完全投入的状态。这项活动可能是音乐、哲学、网球……但它一定是你所擅长的，并且你想持续挑战更高的难度来证明自己的能力。那么从这个意义上来讲，心流是个体成长的动力；它也是一个家庭、一个社会发展的动力，家庭或国家向它的成员或人民提供参与建设性活动的机会，从而让他们拥有心流。

在《心流》这本著作中，米哈里提出的主要观点非常具有积极心理学的代表性，他的研究给了很多社会问题一个共同的解决方案，而这些方案最简易的应用也正可以从个人开始。心流时间是“五种时间”中最重要的终极的时间种类规划，我来选取几个对个人最具有直接指导意义的观点：

1. 全力投入本身就是收获。

这个观点终于可以解释成长中一个令人长期困惑的说辞：“过程比结果更重要。”每当面临考试和比赛，或者结果不尽人意的时候，人们就会获得这句可疑的安慰。结果怎么可能不重要呢？既然结果不重要，又何必参加考试和比赛呢？在《心流》的逻辑之上，我们才明白，只有在一种情况下，过程本身就既重要又幸福，那就是在准备过程中全身心投入，结果由这个过程决定。当全力走完过程，结构饱满且问心无愧，已经做完“尽人事”的部分，结果如何此时已不由人控制了。不是结果不重要，而是全身心投入的人能以最坦然的心态接受任何结果。而我们更清楚的是，任何技能的深入和进阶也都在整个既兴奋又充实的过程中完成，结果将自然呈现。而经历心流过程之后的结果，也必然是个超越以往的自己的结果，不论绝对的输赢。

没有心流，人需要通过追逐成功追逐幸福，有了心流，人可以时时刻刻追求幸福。

2. 心流的产生基于个人能力与挑战难度的匹配。

简单地说，向上挑战的时候心流才会产生，争取进阶的时候心流才会产生。这之中隐含两个条件，第一个是了解自己的实际能力，第二个是将要投入的事情是一个可实现的挑战。不得不说，这个难度阶梯的设置和跨越是其中的关键。心流的感觉会发生在具备强烈动机，高度集中以及处于极限能力边缘的人身上，当这些条件同时满足，创造力就超越以往的维度，施展魔法。太简单则无聊，太难则焦虑，就似乎走向了“五种时间”中的其他时间。而对照在第二章生存时间中对运动员密码的分析，第一项就是运动员对自己深刻和全面的了解，这就和米哈里教授调研的运动员出现心流现象的条件不谋而合。而运动员的生存时间和心流时间交互发生的现场，正是我们下一章的重要内容。

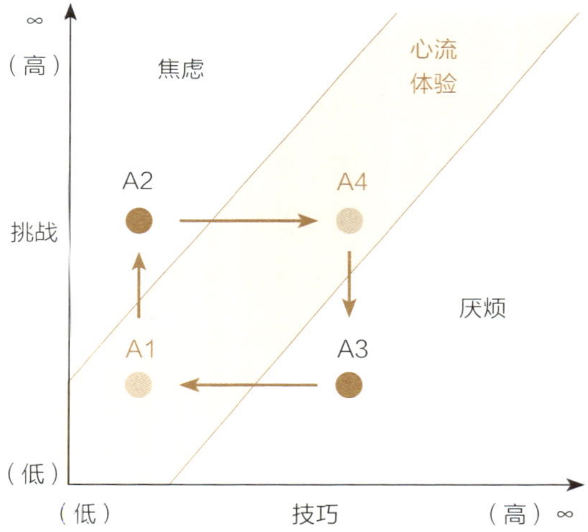

《心流》中的心流通道示意图

在《心流》的描述中，纵轴是挑战，横轴是技巧，是否能进入心流通道，靠的是个人能力水平和接受的任务难度之间的微妙配比。

以学习网球为例，如果是一个初学者，不懂任何技巧，他唯一的挑战就是把球打过网，这时他的状态就是A1，他很可能会感受到心流，但是时间不会太久。

经过练习，他的技巧进步了，如果面临同样的挑战，他的状态变成了A3，他会感到无聊和厌烦；或者他对战了一个专业对手，发现原来还有很多应付不了的挑战，这时他进入A2状态，他感受到的是焦虑。

那么关于如何进入心流通道，答案变得清晰：如果感到无聊，就提升挑战；如果感到焦虑，就提升技巧。

3. 从失序重归有序，用行为实现熵减。

这是一个用自然科学解释甚至解决社会科学问题的典型应用。

熵是一个物理学概念，在热力学第二定律中用来描述和度量一个体系的混乱程度。热力学第二定律说，在一个封闭孤立的系统里，一切自发的物理过程，都是熵增的过程，也就是从有序走向无序的过程。可以简单理解为，一切存在的人与事，包括星球与宇宙，自发生长的话都是越来越乱，熵增是系统的必然趋向。从45亿年前地球的热汤里诞生第一个有机体开始，这种对抗熵增的战争就已打响，你我都是这场战争中的一员。

在《心流》这本著作中，米哈里教授就是基于这个概念，创造了“精神熵”的概念，用来描述和度量精神体系内的结构受到信息的威胁而产生的混乱程度。他认为无论在物理世界还是在精神世界中，混乱是一种常态，一切本来就是无序的，如果什么也不做，就只会更乱。而精神熵的反面就是有序的意识，米哈里把这种有序的意识称为“最优体验”，也就是心流，心流是精神世界的熵减，让人从混乱的状态重新归于有序。在最优体验里，意识能够重新形成良性循环，让人集中注意力，提升工作效率，同时降低对外界干扰事物的感知，屏蔽令人烦乱的事情，这是人最接近幸福的时刻。

如果说人在成长中真的能找到简单法则，那对抗人生复杂性的普遍法则就是心流，因为人在长大的过程中复杂性日益增强，如果不采取行动，熵增就是必然的。

能找到事物让自己高度沉浸，就是为生活建立秩序，就是熵减的操作。不能集中注意力的人如果不重建秩序，不增加掌控感、笃定感、期待感，一切就会越来越乱。

奉若神明

在有关心流概念的著作中，还有另外一本重要的书《盗火》[1]（*Stealing Fire*）。《盗火》用了大量脑神经科学研究结论来解释心流现象，相较于《心流》内容更加垂直和晦涩，但这本书对于我们重建注意力有一个直接启发。我们可以认为，我们的身体中还有另一个自己，这个自己可以做到人神合一[2]。也就是说，动画片中一个普通人变

---

1 推荐阅读：《盗火：硅谷、海豹突击队和疯狂科学家如何变革我们的工作和生活》。作者通过对心理学、神经生物学、工程技术和药理学多个领域的前沿荟萃分析，进一步丰富了心流的概念及其在个人或组织行为中的应用。

2 柏拉图认为，人的体内存在着“内在的上帝”，当你在心流中时，上帝就出现在你体内。

身为超能力者的故事，是可以真实存在的。

古人似乎早就知道这件事，也知道心流的存在，只是他们的描述和解读不一样。当古人把高度的专注力和强烈动机结合在一起，完成了不可能的任务时，他们惊奇地发现，天已经黑了，或是天已经亮了，便以为是神迹。日积月累，古人将这些体验汇成一种能够决定生命内涵的掌控感，归纳于武功或宗教，这样似乎超越了无力的凡人世界，或拥有灵魂出窍的能力，可以在另一个维度做梦与创造，从而实现人神合一。

“盗火”是一个比喻，传说中普罗米修斯为人类盗取火种，受到了神的惩罚，因为他从神那里盗取了凡人不应该拥有的能力。但是新的普罗米修斯们在逐渐掌握“出神”（《盗火》一书用来描述心流的另一个词汇）技术，如同获取了神的力量，极大超越了凡人的思考和创造。或者说，这个世界已经真的存在凡人在短时间内即可变身“超人”的奇迹，而奇迹背后有着可以用科学解释的原理。也就是说，理论上，当我们了解原理，也掌握操作规则时，我们也可以“变身”，一次次地重现这个奇迹。

心流是在不同寻常的状态中产生的大量神经化学物质的变化，使得我们能够以更大的精确度、更快的计算速度来感知和处理信息。就像一种大脑信息科技骤然升级。我尽量用最容易理解的语言提炼一下《盗火》描述的心流激发过程。

1. 大脑首先分泌多巴胺和去甲肾上腺素，它们的作用是帮你集中注意力，提升认知敏感度。与此同时，它们开始关闭大脑对其他信息的感知。这项关闭工作很关键。

2. 当心流继续深入，大脑会分泌内啡肽和花生四烯乙醇胺，它们的作用是减轻痛苦和压力，让人逐渐感到舒适。花生四烯乙醇胺具有建立大脑中信息遥远连接的能力，这就会带来创造性思考。

3. 当你的心流进入极致，大脑会进入一种半睡眠状态，关闭了更多区域后，潜意识会占据主导地位。这时，多巴胺、去甲肾上腺素、内啡肽、花生四烯乙醇胺开始协同作业，按照不同浓度和节奏分泌。

4. 潜意识的信息接收处理能力是大脑日常的数倍（根据研究结果至少是 5 倍）。这时候大脑会分泌血清素和催产素，让人感到平和、幸福。人会体验到一种与世隔绝的高度宁静的幸福，同时感到处于磅礴的思考流动之中。

可见，在一个完整的心流状态中，大脑会进行一番强有力的组合释放。这 6 种激素本身就是人脑不同类型的愉悦感激素，心流就是它们同时分泌的一次盛况。简单说就是，我们日常可能会体验深浅和质感不同的 6 种高兴，而心流让我们同时品尝到混合的 6 种高兴。这套组合释放会让人直接进入超级模式，思路清晰，心如明镜，体验到宁静中的巅峰喜悦。

这样的体验当然会很强烈、很特殊，可以说，深度心流的实现和再现，以及在其中进行的思考和创造，足以改变人的一生。在持续的心流中学习和创造的人，就会知道自己像是找到了某把神奇的钥匙，跃升到一个新的维度。一个人如果能够长期追求心流与体验心流，其实就是让自己处于连续的幸福和 5 倍创造力的状态中。

关于心流时间的 6 个认知

1. 自律是延迟满足，而心流是当下满足。

在所有的时间管理状态之中，他律最痛苦，因为没得选，时间和生命是被他人管理和占据的。自律则好很多，至少是在用行动为自己的未来做出选择。自律的付出只为赢得回报，过程中对收获的向往能够推动人继续坚持，但只要“坚持”二字出现，其中就存在数不清的忍受。

其实，所有的自律，归根结底都源于欲望的驱使而不是抑制。只不过为了更长远、更宏大的欲望，我们暂时放弃了小欲望而已。饮食男女是人性和本能，但追求更高、更快、更强一样是人性和本能。不论放纵或自律，都是人性和本能的释放，而不是抑制。

我们所知的规律是，持续自律的人总能有收获，那么如果有人能够突破这种为产出而投入的限制，持续全身心付出而不求回报，他一定会得到更多。那些因为深度热爱而不求回报的超级工匠，都是为了把事情做到极致而沉浸在自我愉悦中，最终他们既得到了现在，也得到了未来。

面对难题，生存时间给出的答案是需要如运动员般艰苦卓绝地训练，赚钱时间给出的答案是需要如徒手攀岩者般长久为“酋长岩”打磨攀登曲线，但心流时间给出的答案是用心流状态解决，一个人完全沉浸在某种活动中，无视其他事物的存在，以此度过时间和面对挑战。热爱是不需要坚持的，这种体验的喜悦之大，使人愿意主动付出全部身心。在心流中，坚强的毅力不是解决难题的答案，人生也不总是苦行。比钢铁般的意志更强大的，是幸福的洪流。

如果说一万小时定律[1]是通过时间积累来沉淀技能，刻意练习[2]是通过循环增强的练习来达成目标，那么心流完全是因为过程中强烈的乐趣而自发忘我地展开行动，是体验最正面又最深刻的历程。

当人们说“活在当下”时，他们只是表达了要珍惜时间飘逝体验的态度，而心流让人有真正活在当下的可能。人们总是用结果评价人生赢家，但其中确有一些人，不只赢在结果，早在过程中就已经赢了。这种赢体现在创造的当下就已经获得了一次幸福，当心流时间创造被世俗论证后，幸福又来临了一次。

有些人在接受媒体采访时会说：“我只是在做我最喜欢的事情，顺便赚到了钱。”虽然听起来很讨厌，但是他们说的很可能是真的。到头来，一切都是选择与代价，其中没有对错，出发点和道路会引向不同的结果，有的人在追求精湛，有的人在追求梦想，其中有的人只是因为附带得到的财富吸引了人们的目光，就让人们误以为追求者追求的是财富。

---

1 推荐阅读：《异类》，作者是马尔科姆·格拉德威尔。马尔科姆在本书中提出一万小时定律，即一个人在学习的过程中，要完美掌握某项复杂技能，就要一遍又一遍地艰苦练习，而练习的时长必须达到一个最小神奇临界量：一万小时。这个原理，无疑是对长期主义者的一个鼓励。

2 推荐阅读：《刻意练习：如何从新手到大师》，作者是安德斯·艾利克森。如果说心流是一种体验，米哈里谈论的是高手的感受。那么刻意练习即是一种行为，并且是成为高手的必经行为。横跨不同职业的数据显示，做更多的刻意练习，可以得到更多的心流体验。行为是引发心流的条件，更是引发一切成长变化的条件。

2. 挑战反而是获得幸福的机会。

向上挑战匹配难度是进入心流的条件，这个认知能使我们的整个人生都积极起来，因为一生面临的挑战实在是太多了。现在，每次挑战竟然都可以成为一个获得幸福的良机。在求学和成长的路上，拥抱挑战这个说法早已经是老生常谈了，于理全都懂，于情却做不到，那是因为我们过去只知道人应该不断突破天花板，螺旋上升，但是我们不知道闭上眼、狠下心、跳进去还有获得心流幸福的可能。现在我们知道了很多人为什么总是敢于启程，因为宝藏就在途中。

脑神经科学的进展也可以让你对自我潜力的看法发生转变。大脑就是进入游戏的设备，时间就是操作界面，上面有个按钮，现在如果你想变身超人或者人神合一，你需要深吸一口气，先按下那个按钮，选择进入更难的游戏。在选择前面，可进可退时永远选择进，就是这个道理。

3. 既然一切都是神经化学反应，那么感受可以转换。

如果我们早已习惯于相信物理现实，就应该相信大脑内的神经现实，因为神经现实和物理现实一样，也是自然科学现象的本质。我们既然知道心流被激发的原理，就能反过来影响这一系列的激发过程，也就能理解，我们获得的感受其实都是各种激素交替分泌的产物。或者说，我们常常讨论虚拟现实时代将会到来，但事实上我们的大脑本身就是一种虚拟现实。你对现实的反应如何，这件事、这个人带给你或难过或欣喜的感受，都是脑神经化学带给你的。你或许无法调整现实，但你有机会调整到自己的理想状态。

正如悲喜，心流也是人类大脑状态中的一种，既然悲喜可以被外界激发，那么心流也能从外部进入。在虚拟现实技术带来的颅外模拟体验到来之前，我们早已生活在颅内模拟体验之中。信念、爱情、意义，任何你坚信不疑的东西，都来自神经化学反应的运作。大脑是一个不断运行的状态机，不断决定和生成你的状态。这也就是为什么上一章说好玩时间的游戏和界面从多巴胺的角度绑架了你。在脑化学产生的各种状态之中，心流最罕见也最难达到。想拥有特别的人生，在于获得特别的体验，在于超越以往，尝试做一些特别的事情。和简单的多巴胺刺激带来的小快乐相比，心流不亚于大脑的一场冒险。脑神经科学对心流的研究告诉我们的，和成功人士的经验一样：梦想的生活都需要冒险，如果想要创造奇迹，你总是要按下Hard（困难）键。

4. 站在一个新高度，重新审视自我。

你只有知道自己如困牢笼，才会拼命找到办法逃出生天。

如果你一度认为创造力是一种神秘能力，只有基因、天赋才能让人具备这种能力，现在你会改变这个想法。既然心流只是大脑的一种接收和处理信息的状态，那么你学会之后也可以用5倍的速度开挂。

你甚至可以认为，过去你对自己的感觉，包括觉得自己平平无奇或者悲观，是过去大脑神经系统给你的状态，而这是你心智上无形的牢笼。在念头、意识、思想、行动的关联和变化中，身体与大脑一直在按旧有的稳定机制一边接收信息，一边组合信息，进而激发后续的一切。比如说，你周末的大脑神经状态，是由玩 3 小时游戏、看 2 小时韩剧和看 1 小时社会新闻带来的交替信息与刺激组成的，且这个信息模式在过去三年中都没有发生明显的变化，那么可以认为你已经渐渐失去了对自身高层意识和行动的控制权。

可见，想要控制自我的思想，先要能够觉知当下的发生。读到这里，可以再次解释为何“五种时间”的首要功能是帮助我们辨认正在开展的到底是什么行动。“五种时间”的分类方法，可以帮助我们对主动或者被动的选择做出回应，简单来说，就是可以在任何时间、任何地点、任何情况下，让我们扪心自问：“我正在做什么事情？我为什么选择做这件事情？这件事情是我主动选择的吗？”这种追问的有效性就像正处于盗梦空间[1]之中，只要意识到这一切都是虚幻的感受，空间带来的感受就立刻烟消云散，牢笼的栏杆向四周轰然倒塌，而选择又重新摆在了面前。

只有觉知和观察，你才会发现当下状态的问题，才能做出判断，才能主动选择和控制行为，这种情况下的你，才是真正的你自己。这也才是真正意义上的时间管理，因为你终于做到了管理自己无限的生命力。

5. 心流爱情、心流教育和心流家庭。

不是非得拿起书本独自坐下来才算进入心流。

---

1 推荐电影：《盗梦空间》，导演是克里斯托弗·诺兰。电影中的主人公拥有在梦境中构建虚幻空间的能力，只有当“坠落”的条件触发，梦中的人才会意识到自己其实在梦中。

“五种时间”这个新的时间分类法对日常生活启发最大的地方，在于让我真正地意识到，应该让和最重要的人在一起的时间成为心流时间。

最理想的恋爱是心流中的恋爱，人们常说的灵魂伴侣，就是心流来临时有共振的伴侣。当然，有灵魂伴侣的前提是自己有灵魂，而判断自己是否有灵魂的标准，在于自己是否有心流体验，是否为自己安排了心流时间。你能让自己出神，屏蔽繁文缛节和琐事，让自己的大脑为获得持续的信息而激动，在高处翱翔，这就是有灵魂的表现。你遇到另一个人，发现对方竟然也能够在你获得持续信息而激动的空间里翱翔，还能在一起翱翔后与你交流你才懂的体会，当你们一起环顾和向下看时，屏蔽掉的是一样无用的风景，留下的是你们两个人的世界，这就是心流爱情。

恋爱当然是两个人的世界，但之所以有持久激动的爱情，是因为两个人在一起之后，拥有了两个大脑和四只眼睛，一起向前行走，汲取这个庞大世界的信息。世界的信息是源源不绝的，你们的激动和共振也因此源源不绝。很多爱情之所以会干涸，是两个人以为这个世界就是四目相对时出现的，只在于研究对方，从对方身上获得信息，而当两个人都只看得到苍白、无趣的时候，就只好面对面拿起了手机。

心流爱情坚固，是因为你们知道，在你们两个人的面前，这个世界展现的是与其他人看到的全然不同的样子，你们由此获得了彼此才懂的语言。心流爱情取决于相遇前各自走过的路，读过的书，见过的美景，思考过的人生。在我看来，心流爱情是世间最宝贵的爱情。

获得心流爱情的条件是：做一个有心流的人，然后找一个有心流的爱人。

当你组建了家庭，有了孩子，你也会因为自己的心流体验清楚地知道，什么是能给孩子的最宝贵的经验。

希腊哲学家柏拉图 2 500 年前就在他的一本书里提到，对于人们最重要的事情是教会孩子在正确的事情里获得快乐。这其实是在心流概念诞生前对心流和心流获得策略的描述。柏拉图所说的快乐，和他所说的“正确的事情”紧密相关，代表有价值的思想活动带来的快乐，包括智识涌动，思维浩瀚，创造发生。米哈里教授也解释说：“快乐还不足以让人生卓越，重点是在做提升技能、有助于我们成长、能发挥潜能的事情时获得快乐。”

“五种时间”是现代积极心理学意义上的时间管理理论，因为里面所有的判断和方法都在指引人们通过练习达成专注，而专注带来的一系列脑神经变化和激素分泌，本身就会让人平静又充满希望。在智能手机时代，信息来得更复杂迅猛，而时间更被无情地割裂成碎片。这个碎片化时代不仅正在筛选我们，也在筛选我们的孩子，专注能力变得越稀缺，掌握它的人就越容易脱颖而出。简单说，培养孩子，就要培养一个心流中的孩子。

当时间管理理论被应用于个人发展和儿童教育领域时，引导人们去体验心流是其中的教学重点。在过去，人们认为心流的获得非常随机，无法把控，每一次出现都显得弥足珍贵。但现在，深入学习和执行工作任务时，如果一个人能够觉知心流可以跟随自己的引导重复发生，他就掌握了解决大部分问题的能力。因此，对于儿童教育，可以从早期就引导两件事。第一是让孩子在你的陪伴下有效体验心流的存在，可以用音乐、阅读或者绘画作为媒介，这个过程中你们也会成为真正的好朋友，经历共同的故事、共同的审美体验，互相懂得，心灵相通。第二是让你的孩子相信，他能够掌握心流的引入策略，只要他愿意，在未来任何需要的时刻，他都能召唤出很厉害的自己，高效专注地完成学习，创造作品，和此时此刻一样。

趁早获得心流的体验和引入方法，将是贯穿孩子终生的财富。

理想的心流家庭的样貌，也许就像杨绛《我们仨》中描写的家庭一样，无论是父母还是孩子，由于每个人有着各自专注的时间，家庭成员对于独处有着共识和理解，不会要求表面上的陪伴；由于成员之间有着共同的热爱，日常的谈话交流甚至游戏都成为快乐的心流时间。真正的陪伴是心灵的同在而不是物理上的共处一室，不是谁的牺牲和谁的占用。当你和家人拥有这样的生活之后，家庭时间就是心流时间，家就成了真正的避风港。

家庭时间和心流时间一定是可以融合的，因为它们有着最大的共同点。家的存在不是为了遥远的梦想，在家感觉到爱的此刻就是梦想，家的生活也没有宏伟的目的，在家中的每一次呼吸就是目的。

爱、自由、审美、心流，这些都是世界上最宝贵的东西。

6. 建造积极生活的机构。

本书的写作几乎是我在心流时间中进行的，比起十年间创造的文创品牌，成长中的线上学校“趁早学院”，构思和完成本书是一件向上挑战的事情。

马丁·塞利格曼[1]先生认为，积极心理学有三大支柱，第一个是直接获得的积极体验，第二个是长期培养的积极特质，而第三个支柱来自积极机构，这三大支柱都有助于人们创造积极生活。建造一个倡导正向生活的机构并让它良性运行，是对人类有着实际意义的事业。当然，建造这样一个机构是充满挑战的事情，我和团队已经在这条道路上跋涉了十年的时间。

比获得积极认知更重要的，当然是正向行动。正向这个词表示行动的持久和方向的明确，且描述了一种循环增强的样貌，其中积极是长久的态度和体验。正向生活靠行动才能创建。

正向生活的时间管理是行动在时间中的组织方式，“五种时间”是行动的分层和分类方式。当行动被有效分类，无论在人生的哪个阶段、哪个场景，你都可以积极解决问题，提升体验和展开行动。《五种时间》就是这样一本书。

我边写边想，我要继续建造这所帮助学生开展正向行动的学校。一个社群之所以好，不是因为它科技先进，物质充裕，而是因为它提供了尽可能从人本身出发获得幸福的方法和机会，同时引导人追求在

1 美国心理学家，1988 年建立积极心理学，被称为“积极心理学之父”。他提出的愿景是：让学院派心理学更接地气，让积极心理学更着眼于具体应用。

越来越大的挑战中发挥潜能，实现作为人在世间的充分生活和充分创造。同样，学校的真正价值并不只在于学生接受的具体训练，而在于它能传授多少令人终身追求的信心与乐趣。

触发心流到“应许之地”

心流万般皆好，人人脑中又都有开关，现在我们就只剩最后一个问题没有解决：如何让自己进入心流状态？

人人脑中都有心流的开关没错，但是开关毕竟藏得很深，这不能怪我们自己，只能怪人类进化的历程。

人类到如今已经跨越了认知革命、农业革命、工业革命、信息革命，但自认知革命以后，DNA（脱氧核糖核酸）的进化就不再是主要的进化方式了。也就是说，我们的文化和科技在几千年中早已快速地迭代了无数遍，但是DNA的进化实在跟不上，毕竟这种进化都是以百万年数量级的时间作为周期的。这就造成我们的各种原始本能还停留在认知革命时期，比如说害怕黑夜，雨天睡得香（因为雨天猛兽不出来），喜欢高热量食品（储存能量，毕竟山洞里没暖气），容易吃撑（过去打猎成功一次不容易），同时还留有一个典型的认知革命时期的糟糕特点——无法长时间专注，因为我们的祖先实在不需要这个技能。我们的硬件——肉身可以说极大地落后于我们的软件更新程度。反过来也可以认为，一个人能够控制自己不吃撑，拥有长时间专注的能力，是他进化得更好的结果。

作为个体，你应该坚定地认为，你大脑的进化程度此时掌握在你自己的手中。在有生之年到底能够达到什么进化边界，要看你冒险接受挑战，超越既有能力的次数。

为了帮助我们依靠一副落后的肉身也能找到进入心流的钥匙，首先要定义心流的状态。米哈里教授在书中也给出了 8 个标准，这些标准来自他的大量访谈，访谈的人在谈到最优体验[1]时，往往会描述出这 8 种体验中的几种甚至全部。

第一，面临的是可完成的工作；

第二，全神贯注于这件事情；

第三，明确的目的；

第四，即时的反馈；

第五，投入行动之中；

第六，感觉能自由控制自己的行动；

第七，进入“忘我”状态，心流体验后，自我意识又变得更强烈；

第八，时间感改变。

现在，你拥有一个大脑，这就是进入心流游戏的所有设备，接

1 可参看米哈里的《心流：最优体验心理学》，中信出版集团 2017 年 11 月版第三章。

下来时间就是你的操作界面，上面有个按钮，如果你已经准备好人神合一，请深吸一口气，按下那个按钮，进入心流时间这个人的旅程中最难的游戏。以下是游戏的规则。

道路：守住自己的火种

你愿意踏上追寻心流的道路，是因为它足够困难。都说只有做真正热爱的事情，才能到达真正属于自己的地方。但只有极少数人能在年轻时就找到道路，仿佛得到了命运的眷顾。在尚未找到之时，困境最能看出一个人的本性，总有人在真正的压力还没来临时就轻言放弃，从此丢失了火种，丢失了自己的可能性，丢失了大脑升级的进程。

独自踏上道路，必须带着一种重要的自我肯定：深信心流的幸福可以通过探索得到，自己行为的强大将带来大脑的强大，大脑的状态会被自己的行为改写，信息处理能力和创造水准会因此飞升，从而让命运掌握在自己手中。

如果暂时找不到你的热爱，踏上道路还有三个选择。

第一个选择：个体需求。找一件当下必须做，而且略具挑战性的事。

第二个选择：技能类爱好。可以来自好玩时间的探索之池，但是这个爱好必须符合培养技巧、拓展能力、循环增强的规律，才可能帮你进入心流通道。

第三个选择：随机事件。比如一段突如其来的独处时间。

从选择道路开始，就需要你对经验进行独立反省，实际评估各种选择方向，未来进程自会揭开每条道路的结果。重点是，把你的火种守住，心流不是在这里就是在那里流淌，永远保有对心流再次流淌的渴望。

做一个聚精会神的人，是一生极为重要的事。要坚信，生命中真正的乐趣，出现在你沉潜于某一事物，全然忘我的刹那。

触发：找到自己的蒲团

找到事情做之后，就是独立地做[1]，全神贯注地做。

心流时间的关键在于独处，如果过去的你讨厌独处，很可能是因为不想面对内在的一片混沌。现在，你需要把这片混沌分离，触发心流，让混沌中你需要的那条信息路径亮起来。

如果你曾经进入心流，那么找到心流的触发条件就会更容易。外界条件能够形成一条信息路径，包括光亮、颜色、气味、声音等，都可以成为点亮记忆路径的输入信息。一段心流，可以对应一段被提取的记忆，重现这段记忆。但是无论如何，你都无法直接追求心流，你只能通过正在着手的事务间接地达到。

一个普遍适用的方法是建立自己的触发仪式，即重现让你进入

1 在心流的高级阶段，会出现集体心流的现象。但就心流练习而言，初阶的体验一定是从独处时刻开始。在《盗火》中，有对集体心流的更详细描述。

心流的光亮、颜色、气味、声音。我在写作中已经建立了一套牢固的触发仪式：在自己的书房中，选茶、烧水、泡茶，再将茶水汩汩倒入杯中，看蒸汽升腾，再喝下第一口，此时我会知道，距离心流来临大概还有半小时。事实上这个来临时间没有任何意义，因为我随后开始努力全神贯注地整理素材、阅读基础文字或者开始书写，书桌周围的现实开始隐去，除了我和我正在写的字，时间已经静止。

关闭：进入山洞

为了让心中的混沌分离，除了需要让你的那条信息路径亮起来，还需要让其他无关的信息暗下去。在这一步，你已经开始练习通过行动改变大脑和身体的状态，从而掌控大脑这个心流机器。

现代社会中，人们平均 3 分钟就会受到一次手机干扰，而重新进入专注状态需要 25 分钟，因此想要练习专注力，干扰元素必须被关闭，“重新进入状态”只允许出现在最初的一次。在自我控制领域，一个健康、富有、强壮的人，并不见得比一个不健康、贫穷、衰弱的人更有胜算。必须自己建立秩序感，而非让手机和社交媒体代替我们建立。

经过训练，专注能力强的人可以迅速地进入状态，但是对于缺少专注力、已经被手机建立秩序的大多数人来说，他们需要操作一系列关闭程序。

首先要关闭和远离的一定是手机，比如在我写本章的此刻，手机大概已经在远处的房间安静放置了 5 个小时。基于对自己的了解，我不用手机考验自己，在手机和心流时间之中，只能存在一个。

其次是关闭心理，在此之前我会让自己知道已清空了大脑，比如把后续的待办事项都记在效率手册上，然后告诉自己不必记住它们还没做，因为手册已经替我记住了。如果练习的次数足够多，在进入专注前就会自发形成刨除杂念的意识。

在心流时间训练的初期，也需要做一些视觉关闭练习，桌上和可见范围内尽量少摆放物件，挪走可能吸引注意力的东西。

最后，需要一个不管怎样都硬做下去的过程，面对眼前的事投入一段时间，至少 25 分钟，让大脑启动自行关闭模式[1]。当长时间做一个类型的事情时，大脑就会慢慢关闭其他不相关的信息，降低和关闭对外界的感受，而所有神经连接通路都会紧紧围绕着正在关注的一切被激活，这时候专注程度本身会在大脑的帮助下自动增强。大脑自身的功能如此鼓励专注的人，让越专注的人越能获得该项能力。如果在这 25 分钟大脑神经来帮你的路上，你偷偷看了眼手机，一切就前功尽弃了。你想获得专注能力，就要给够时间让它出发帮你。

25 分钟，就是时间管理专注界重点强调的“番茄时间[2]”长度，可见这个长度也并不是信口开河，而是来自对脑科学和专注力关系的

---

1 可参看《盗火：硅谷、海豹突击队和疯狂科学家如何变革我们的工作和生活》，中信出版集团，2018 年 1 月版，第一部分第二章。

2 番茄工作法是一种时间管理法，在 20 世纪 80 年代末由弗朗西斯科 · 西里洛创立。这个方法需使用一个定时器，将工作时间分割为一段 25 分钟的工作时间和 5 分钟的休息时间。这些时间段被称为番茄时间。

研究。25 分钟内能否心无旁骛，简直是一个人大脑进化程度的临界点，如果你能够数次逾越，足以证明你的肉身也从认知时代进化到了信息时代。记住，碎片化时代在用每一个 25 分钟无情地筛选着你。

上身法：颅内模拟

对于心流体验最大、最有效的触发力量，其实来自伟大的人脑本身。就像《人类简史》[1] 中讲到的，人类之所以在历史的长河中联手创造了伟大文明，在于人类能在大脑中创造信念，再用信念组织起众人的一致行动，去建设宏伟、巨大、漫长甚至只在想象中预先存在的国家、宗教和文明。

人的信念力量就表现在著名的棉花糖试验里，假设我们在猴和人之间再做一次类似的试验，猴和你都很胖，也都饿了一天，当面前摆着饭的时候，猴再胖也会马上吃饭，而充满信念的你，因为怀揣着对减肥成功的憧憬，还是能够忍住不吃，再饿上一天。节食当然不健康，但确实是人类精神文明存在的一种证明，因为你在颅内模拟了减肥成功的结果。

人类信念驱动的力量大到这个程度，难道还不能改变自身吗？一定可以！

你的大脑对预期境遇和信念的阐释非常重要，下次准备追求心

1 推荐阅读：《人类简史》，作者是拉瓦尔 · 赫拉利。作者在第一章中提出智人与其他动物的演化分野，在于智人演化出了比例庞大的思考器官，并发展出语言技能。

流的时候，其实有很多东西可以用来模拟和触发，让你挨过 25 分钟。至少可以想想某次甜到眼前发黑的爱情，那一刹那，眼神交汇，心意互通，神鬼天人立知，那就是心流。

视觉化模拟

用视觉加深你既有的渴望。当你选择的心流道路关乎个人发展和技能时，这个方法会加强触发，在目标明确的备考时期更加有用。比如张贴理想大学的照片和景色，或者在启动前在大脑中勾勒完成时的感受。未来如同悬挂在眼前的胡萝卜，帮助你进入专注。

假想敌模拟

敌人的挑衅可以激发斗志，当自身渴望不足时，寻找外力的刺激激发肾上腺素的分泌。不服和不满能够让你有效实现奋起和专注。

上身法模拟：人神合一

这种模拟法对于触发我的写作专注能力异常有效，不但让我可以进入专注，甚至可以直接让我进入持久的写作心流。这个方法我至今依然在使用。

上身法模拟对我的作用发生在两个阶段。

第一个阶段，模拟榜样人格。

2009 年我开始写第一本书时非常痛苦，难以开始，也未曾感受到心流，我甚至不能控制自己长时间地坐下来敲打键盘。我对自己非常失望，觉得一辈子也写不完这本书了。很显然，当时的我既没有找到方法，也不清楚专注和心流的形成原理，我的大脑更没有进化到理想程度。

但当时世界上是否有我的写作专注力榜样呢？有的，她叫梁凤仪。我除了知道她是香港商界的一个榜样女性，是独立女性题材畅销书作家，还知道她有一个惊人的能力，可以在一个星期内写完10万字的书稿。我当时很想拥有这样的能力。

直到今天，我也并没有真的知道她是如何触发专注的，把手机扔了多远之后才开始写作的。但是我当时无意中做对了一件事，就是开展颅内模拟过程，模拟正在写作的就是梁凤仪本人。每当我想拖延，或者格外困倦，注意力涣散的时候，我就会想："我可不能停下来不写，我可是梁凤仪啊，我一星期能写10万字，如果我现在停下，这星期就写不完这么多字了。"在这样不停地模拟中，我完成了第一本书《趁早》的写作，并在2010年出版。我在心流时间上选择的道路和我的执行情况，改变了我的命运。

第二个阶段，召唤理想化身。

如今，在写作了十年之后，我膨胀到不需要模拟梁凤仪了。

由于体验到了无数次写作中的强烈心流，我知道身为凡人的我在心流中会变身成我的神仙，她就在我的身体之上，高速调用着我的大脑，分别开启和关闭了一些神奇的通路，和我在寂静中共同写作。

她就是我日夜想成为的那个人，是我的大脑进化之后高效而创造力爆棚的化身。只要她到来，我就知道这部作品不会平庸。我所要做的是计算任务量和目标距离，确保她每次都能如期到来。而每次她来过之后，我都会变得比以往更强。经过心流洗礼之后新的我，已是旧时我的理想化身。心流之中，我终将成为那个人。

如果用心流时间计算最有密度的生命，每天真正有创造力的时间，也许不过两三个小时。而就在这短短的洪流之中，精神图像会引导我们看到愿景，行为会激发我们的正面感受，大脑感知会被重塑，信息会被连接和积累，而未来会因为充满希望而闪闪发光。

心流时间中的人生，才是最该追求的旅程。

Suffering is not caused by ill fortune, by social injustice, or by divine whims. Rather, suffering is caused by the behaviour patterns of one's own mind.

A Brief History of Humankind

一切苦难并非来自噩运、社会不公或是神祇的任性，而是出于每个人自己心中的思想模式。

——《人类简史》

07

折叠时间　花园模型

完整了解“五种时间”的分类之后，你终于来到了一个打量生活的全新视角，可以站在时间管理花园的顶端俯瞰。不论你曾经有没有时间管理意识，不论你的时间管理偏好是什么，现在你都可以打破旧有的时间分类，获得重构时间的自由。

在这之前，来自纷繁生活的信息就像一锅沸腾的能量，消耗了你的大脑算力。庞杂的已有信息，很难被通盘理解并控制，人就容易被阻隔在最脆弱的环节里。现在，你可以抓住本质，把复杂事务归纳进能够掌握的入口，再给它以时间发展演化。

在这之前，关于做什么事情和做多久，绝大多数人都遵循直觉思维来选择行动或者不行动，这不用费神就能做到，而且可以快速响应。但人一天的精力和能量实在有限，在一件事情或一种情绪上耗费了太多心智，就会在其他事情上乏力。现在我们用“五种时间”的花园模型来解决问题。

“五种时间”的花园模型并不复杂，在直觉思维和结构性思维之间，只有两个步骤的距离，先觉知自己正处在哪种时间中，再确认这种时间是不是自己的选择。

最初，这个思维模型可能是缓慢而且耗费脑力的，但随着认知的加深，你内心的声音会发生改变，过去是你的各种欲望在矛盾挣扎，从此以后，你的心中只有你在给五种时间安排工作的内部讨论声。

模型的重构

此刻，欢迎来到“五种时间”体系的最关键处。在全面了解每种时间的含义的基础上，现在可以正式建立你的“五种时间”管理结构，整个建立过程一共分为五步。

第一步：辨识时间类型的非唯一性

这里的非唯一性指的是，同一件事，在不同的场景、身份、需求下，可能属于不同的时间类型。有很多因素影响时间类型的划分，包括你的职业、年龄、社会身份、身体状态、直接和间接目的。通俗易懂的说法是，别人选择做这件事，和你做这件事的意义可能全然不同，出发点不同，目的不同，过程感受亦不同。同一件事，对你来说可能属于这种时间，对别人来说可能属于那种时间。因此，当你判断自己是否进入一件事时，如果以他人为参考标准，就要谨慎了。

我来讲一个故事：一个家庭主妇、一个假期中的学生、一个美食博主、一个厨师同时报名参加一个高级法餐烹饪班，四人为着不同的目标而来。由于家庭分工，家庭主妇不得不做饭，在他律中做饭水准又需要提高，于是她来学习，学习过程是她的“生存时间”。假期中的学生正在解锁自己的人生技能清单，清单上还有做法餐这一项没有打钩，于是他来这里看能不能学会，能学到多少，这是他的“好玩时间”。美食博主每周有视频要更新，制作好看的烹饪视频就是她的核心竞争力，她计划在学习的同时用视频记录下全过程，对于她这是典型的“赚钱时间”。

对厨师而言，这个学习过程极有可能在“生存时间”“好玩时间”“赚钱时间”“心流时间”之间切换。可能他本是因为想要逾越眼下的“生存时间”而来，学习一开始就发现法餐非常有趣而且自己又颇有天赋，学习过程变成了“好玩时间”。进入学习后半程，他决心就此转行到做法餐上来，早出晚归，努力钻研，进入“赚钱时间”。再后来他专心致志沉浸下去，在制作法餐中进入了心流，成为最有成绩的学生，并利用独特的菜品，真正走上了法餐厨师之路。

当你从这个角度理解一件事情之后，再看到其他人做出考公务员、出国读书、创业、结婚、生子或其他任何一个选择，就有能力辨识他人的选择对你来说是否具有参考性。即使发现绝大多数人都做出了类似的选择，你也有能力独立思考自己到底是不是绝大多数人中的一个，或者，绝大多数人是不是因为没有这种“五种时间”分层思考的能力，才从众[1]做出出发点模糊的选择。

在选择的世界里，山不是山，水不是水，选择只是他人的选择而已，除非你深深地认同和懂得他人，否则他人的选择和你毫不相干。

第二步：建立花园模型

每个人的时间有限，有限时间内的所有事物都可以按“五种时间”分类。那么，一天中“五种时间”的分配就有四个追求方向：

第一，让可支配时间最多，表现在应该努力争取生存时间最小化。

第二，让单位时间内的体验最优，表现在心流时间最大化。

第三，让单位时间内的效能最高，表现在生存时间和赚钱时间中，是积极准备比赛，瞄准核心竞争力打硬仗。生存时间中紧盯运动员密码，赚钱时间中坚持推进终极等式。

第四，让可支配时间明确指向生平[2]。你想怎么活，成为谁，就怎么安排好看时间、好玩时间和赚钱时间的比例关系和优先级。

现在，我们把时间视觉化，把每个人每天的时间视作一座可容纳 24 次播种的花园，每天开始时，这座花园就是一个人的待耕耘空

---

1 从众效应，是指人们受到多数人的一致思想或行动影响，而跟从大众之思想或行为，也被称为“羊群效应”或“乐队花车效应”。

2 这份生平练习我们在第一章的“追悼会策划表”中完成过。

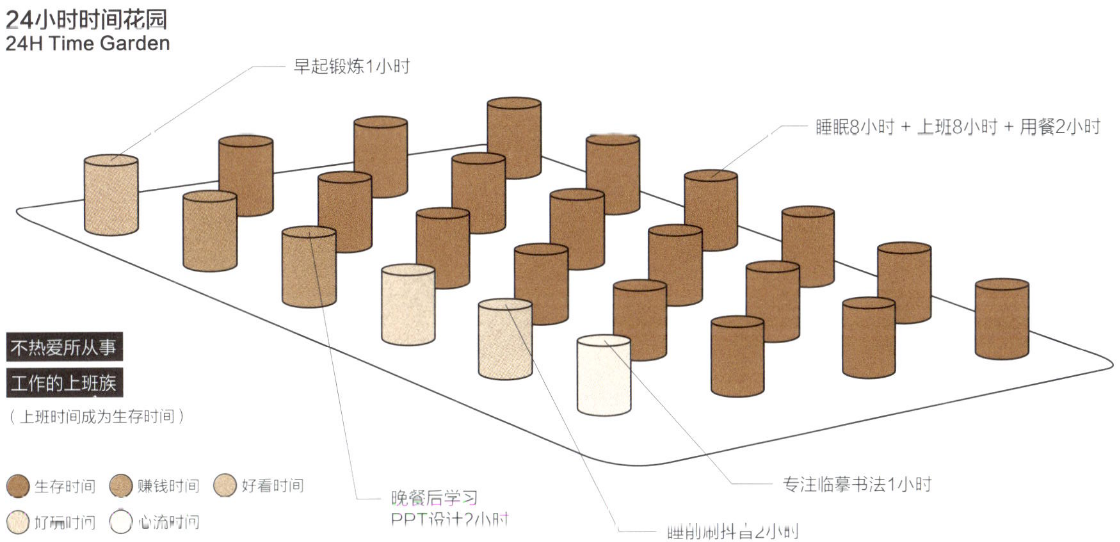

不热爱所从事工作的上班族的“五种时间”花园模型

地。每个人按自身的情况和意愿，在其中种植不同类型的植物。植物有 5 种，对你来说质感各不相同，可能是花、树或者藤。事实上从出生开始，你每天醒来，生活都强行塞给你一座花园，而你每天都在种植它。

从现在开始，你所有的时间被辨认并划分为 5 种时间植物，你选择如何度过这一个小时，就是把这一个小时的植物种在了花园。按照这个分类，我们就可以清晰地观察到一个人的时间组成。

对所有人来说，花园里的基础植物都是一致的，因为必须包含属于生存时间的睡眠和饮食。然后，我们又不得不种植那些被动和主动的生存时间，如上图所示，当你白天上班在做令人感到如同行尸走肉的工作时，你的工作时间就是生存时间。

种好生存时间植物之后，我们的植物选择开始自由起来，可以选择其他 4 种时间植物的不同配比。当然，有的人的生存时间极多，占到整座时间花园的绝大部分，把其他时间挤压得很少；有的人并不会把其他 4 种时间植物都种植到花园当中，比如根本不会种植心流时间植物。

生存时间是五种时间中唯一一个压抑和负面的存在，虽然我们的目的是压缩和逾越它，但它很重要。当你能够在时间花园自由耕耘时，你当然会持续努力挣脱那个被迫的部分，因为它让你痛苦又艰难，但你不能无视时间花园的结构，没有生存时间的存在，时间花园就无法存在，生存时间决定了时间花园的基础。

整座时间花园就是你一天的使用时间，这座花园中最多有五种时间植物而已。当系统复杂但规则简单时，人就会干净利落、镇定自若地做出抉择。

第三步：不把平衡作为排列依据

在面对花园模型时，优先级的概念变得简单起来，就是要决定先种下哪种时间植物，后种下哪种时间植物，直至把 24 个栽培额度用完。

生存时间之外的 4 种时间植物，并不是每种都均匀地种上几棵才是好生活。“五种时间”体系的目标不是五种时间都均匀得到，因为平衡不是目标，确定好清晰明确的优先级才有意义。

我们追求的不该是平衡，因为平衡常用来形容两头或者多头质量的相似；我们追求的应该是极致的具体目标或体验，是通过反复实践想要加强的那一项，直到它显著地好。所谓的平衡也转瞬即逝，而优先级的变化有机会让人的能力呈现动态平衡，追求优先级的执行永远比追逐下一次平衡容易操作。

最好的情况是，你发现那种必须做到的事你非做不可，做不到就寝食难安，辗转反侧。这样的选择本来就和平衡毫无关系，可以来自赚钱时间、好看时间、好玩时间、心流时间中的任何一种。只要你持续追求，所有的努力和操作都会变成支撑，成为你的结构的重要部分。

时间花园中，生存时间是必须完成和逾越的，而心流时间是毕生都要追求的，在生存时间之外将是自由区域，完全可以按照你的主观愿望排列。在剩下可支配的时间中，你到底愿意用多少时间投入健康和外表，用多少时间投入好奇心和人生体验，又有多少时间愿意给无限打磨和提高自己的核心竞争力，从而获得金钱的回报，都由你自己决定。

有人认为好看时间最重要，因为没有了生命力和健康，整座时间花园都不复存在；有人认为好玩时间最重要，如果此生没有尽兴地活过，没有到达过极限和边界，其他便没有意义；有人认为赚钱时间最重要，不投入足够的时间和精力赚到钱，根本无法挣脱生存的枷锁，也无法支撑源源不断的好看时间和好玩时间，更没有心流时间的空隙。以上都对，都可以用优先级给出解决方案，所有的选择在于你自己。但生命终究有限，深度和广度不可兼得。

当时间推移，长久的行为叠加会呈现出它们各自的结果。专注于什么，就更大概率地得到什么，专注得越久，积累就越多。当你在五种时间内都有所专注，你当然会得到五种时间各自的结果。

第四步：实现折叠时间

上面的故事里，厨师身上发生了神奇的事情，在一期高级烹饪课中，他同时实现了好玩时间、赚钱时间和心流时间的过渡和共存。他因为兴趣出发，在过程中锁定了核心竞争力，又在高度沉浸中掌握了技能，并获得了幸福感。他把本来串联的事件和阶段通过并联完成了，经历了一段罕见的折叠时间。

像这样的人还有很多，厨师之外，顶尖的作家、画家、音乐家、科学家、运动员，绝大多数学科中的卓越人物，都是大量折叠时间的拥有者。他们都同时经历着几种时间的深度重叠，大面积地浓缩了自己的生命，也随心流提炼了精华。作品、名声和金钱，都是这些折叠时间的结果。

人们说仰慕强者，仰慕的并不应该是强的结果，而是强的原因，这原因便是常人难以达到的精深专注。而当这精深专注甚至折叠了常人的其他投入时，强者得以用数倍的时间燃烧自己的生命。衡量一个人是否完成了自我，的确不应该以他的表象和财富为标准，而是他的人生燃烧的充分度。

未来我们判断一个方向是否值得追求，一件事情是否值得做，一个物品是否值得买时，我们就多了一个确切的判断维度，看这个方向、这件事、这个物品在多大程度上可以折叠五种时间。如果人生有捷径，那就是选择做能够折叠时间的事。折叠时间就是最大的捷径。

大英博物馆最古老的一个藏品是一块200万年前的石头，智人用这块石头砍砸骨头和坚硬的果实，也削下骨头上的肉。可以说，200万年前，智人手中简陋的石块，其实是他们找到的一小块时间折叠器。当我们的祖先使用它时，大量的进化时间被压缩折叠了进去，让他们可以比自然界中其他的物种以更短的时间、更高的效率达成目标。

现存物种中与人类亲缘关系最近的是黑猩猩，但黑猩猩不会使用时间折叠器砸开和分解食物，它们每天用牙拆解、咀嚼大块食物要用去至少 5 小时，而智人的时间折叠器让每天的进食时间缩短到只有 1 小时，智人学会了借助时间折叠器用更短的时间达到目的。

之后就是我们知道的进化史：其他物种需要等待随机突变和性状筛选的漫长时间，人类统统将其折叠进了取火、弓箭、长矛、衣服里。到现在，人类创造出一件又一件盛放时间的容器。不论是汽车和飞机，还是互联网和手机，本质上来讲，都是某种形式的时间折叠器，它们让人类在永恒的时间长河中，获得了史无前例的自由。

来到我们生活的这个时代，如果你仔细观察人与人的区别，会发现人类中的高手依然拥有和使用着各自的时间折叠器，并且依然在无声地折叠着时间。对我们现代人来说，时间折叠器能够将至少两种时间共同操作的工具或者方法折叠，折叠时间就是我们找到的可以充分燃烧的人生道路。

第五步：寻找超级 R

什么是这个时代能够实现的折叠时间呢？可以说，正是信息时代的到来，让我们所有人获得了崭新的时间折叠能力，并在我们还没有深刻认识到折叠时间这个概念的时候，应用在了生活中。

生活和工作中，两种时间的折叠是常见的，我们通常叫作一心二用，一石二鸟，一箭双雕，可以简称为“二折叠”。比如：

- 好看时间+好玩时间：贴着面膜看美剧；

- 生存时间+好看时间：站立办公，或者用带跑步机的办公桌办公；
- 生存时间+好玩时间：上班路上听音频故事；
- 好玩时间+心流时间：用心和孩子一起创造作品；
- 好看时间+赚钱时间：美妆博主直播化妆过程；
- 好玩时间+赚钱时间：游戏玩家比赛；
- 赚钱时间+心流时间：画家完成作品；
- 心流时间+赚钱时间：科学家进行深度研究。

当你用折叠时间的概念来观察这些“二折叠”的使用时，你会发现，当赚钱时间加入折叠以后，这件事变得非常值得持续操作，你甚至可以在字面上嗅出它可以循环增强的特征。你还可以判断出，这其中的人有充分的理由和充足的动力让这件事一直进行下去，并获得循环增强。这时候，你想起了书中第三章展示过的曲线。显然他们很可能已经开始在这条人生终极等式的曲线上耕耘，在单位时间内，他们付出努力提高R，当时间向前延伸，他们有极大可能在未来获得质变点。这样的工作不由得让人羡慕起来。

那么三种时间折叠呢？能够折叠三种时间的事件更难发生，在我的日常生活和工作中，阶段性实现过时间三折叠：

- 好看时间+好玩时间+心流时间：全家像个团队般一起专注做运动；

- 好看时间+心流时间+赚钱时间：我写过一本书叫作“米字路口问答”，每天早晨醒来贴面膜的同时真挚回答一个问题，连续回答了 100 天，然后将内容结集出版。

而我唯一的一次时间四折叠体验，成了趁早学院建院模式论证可行的起点：

- 好玩时间+生存时间+好看时间+赚钱时间：“和潇洒姐塑身100 天”最早是我生完女儿后为恢复身材和克服在家的无聊，自己画的一组健身记录漫画，以好玩时间的面貌出现。

当我们准备试验陪伴用户养成习惯的在线产品时，我们把“和潇洒姐塑身 100 天”的真人版搬到了线上。在最初 100 天的尝试时期，它是公司线上业务生存期的一个MVP产品（Minimum Viable Product，最小可行性产品），彼时是典型的生存时间，因为它需要被论证能够进入正向运营，才能活下来。

100 天后，“和潇洒姐塑身 100 天”不但活了下来，至今依然是趁早行动小程序上参加者最多的项目，运营它和完善它的时间，都成了公司的赚钱时间。

好看时间的收获首先在我身上得到印证，我在长期的录制过程中得到了持久的充分锻炼。而这个产品竟然也成了每一个用户的好看时间，100 天塑身锻炼完成后，用户都收获了自己的好看时间的结果。

不得不说，由于我不是专业的运动员，在录制过程中很少出现如写作那般深度的心流时间，但也充分体验了运动带给人的强烈愉悦感。但从折叠时间的分析角度看待“和潇洒姐塑身100天”，它真是一个难能可贵的产品。可贵在不但把价值带给了我本人，带给了公司，也带给了千千万万人。

在体验到时间四折叠之后，我们再环顾四周，发现高手折叠时间的厉害之处，在于他们的时间折叠之中必有赚钱时间和心流时间的二折叠，甚至还有和第三种、第四种时间的折叠，比如说好玩时间或者好看时间。每多折叠一种时间，都直接拉升了折叠难度，同时也解放了自己更多的时间用于折叠。在折叠高手身上，源源不断地发生着马太效应，时间折叠得越多，就越好看、越好玩、越心流、越赚钱。

这个马太效应的核心，在于同一时间内同时有几件事情都处在它们各自的终极等式曲线之上，每条曲线也都运行着自己的速度R，当两个R、三个R甚至更多R合体时，就组成了超级R，而当执行者又处在心流当中时，他又用自己平常5倍的信息处理能力和创造能力运行超级R，这就是大神的养成过程。

在第二章中，我举过顶级运动员C罗的例子，但事实上，C罗实现的就是“生存时间|好玩时间|好看时间|赚钱时间|心流时间”的五折叠，实现时间五折叠的人，实现了生命可能性的最大化，那必然处于他所在行业的塔尖之上。五折叠，是超级R的实现，是时间管理的巅峰。

看，如果此刻你站在五折叠时间的顶端，俯瞰花园和四周，风

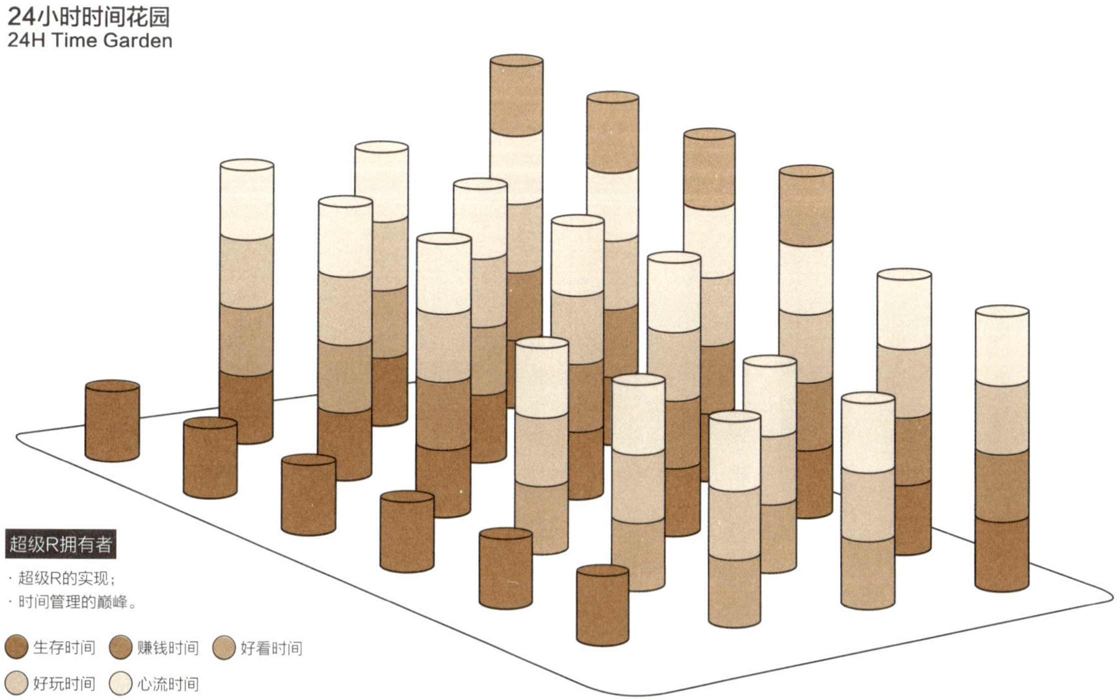

超级 R 拥有者的“五种时间”花园模型

景会变得格外不同。你能看到云层后的山峦，落日的余晖，风扬起衣角带来远方神秘的气息。这时你能看到低矮的植物占据花园的面积，你会开始琢磨如何重新修剪、安置它们。

即使你不直接拥有上午的8点到12点，下午的2点到6点，你也可能拥有晚上的8点到12点。在你可以支配的时间里，依然有足够的自由去追求时间二折叠、三折叠、四折叠或者五折叠的生活。无足轻重的一个小时一旦发生了折叠，会让整个生活的密度和质量与以往完全不同。

在更少的时间里更集中地做事，而不是用更多的时间更涣散地做事。

64种花园模型

有些生活看起来很相似，但本质是那么不同；有些生活看起来那么不同，但本质是相似的。

我们口中的"我"，讲的是我们脑中的故事，而不是身体持续感觉到的当下体验。我们认同的是自己内心的系统，想从生活的各种疯狂混乱中理出道理，编织出一个看来合理而一致的故事。每个人都有一个复杂的系统，会丢下我们大部分的体验，只精挑细选留下几样，再与我们看过的电影、读过的小说、听过的演讲、做过的白日梦全部混合在一起，编织出一个看似一致连贯的故事，告诉我们自己是谁、来自哪里、要去哪里。

——《未来简史》

不同的心理学流派和理论体系，对人格的定义和甄别方法有着不同的解释。如果说人格是构成一个人的思想、情感及行为的独特综合模式，那么我们现在完全可以用“五种时间”的使用方法来看待自己的人格。我们很容易发现，每个人都有着自己的行动分类和优先级的排序，一个人就是他的“五种时间”花园看上去的样子。

假设一个人在一天中的生存时间之后，也为自己安排了不同程度的赚钱时间、好看时间、好玩时间和心流时间，先后种植了其他四种或三种或两种或一种时间植物，那么按照优先级的不同来区分的话，一共有多少种排序方式呢？一座包含“五种时间”的花园到底有多少种样子呢？

基础计算方式并不复杂。在底部生存时间的位置保持不变的情况下，假设其他四种时间的优先级排列方式的种类是 4 的阶乘：$C_4^4 \times 4!=24$；当然，也会有人选择在生存时间之外只选择三种时间，那么三种时间有 24 种排列组合的方式：$C_4^3 \times 3!=24$；还有可能只选择了两种时间，排列组合方式是 12 种：$C_4^2 \times 2!=12$；然后是在生存时间之外，只选择了一种其他时间的可能，各选择一次，那就是 4 种：$C_4^1 \times 1!=4$。

24+24+12+4=64，按照这种计算方法，不同花园的时间植物播种方式就有 64 种。如果再考虑每个人的每种时间植物栽培的数量区别和生长差异，反映在真实世界中，时间花园可以呈现出无数种样子。更重要的是，就像前面故事中的厨师一样，时间花园中的时间很多时候并不是真正在按优先级排列，只是在执行时发生了奇妙的折叠！

但我们现在可以确定的是，一个人怎样给他的五种时间排序，长久以往他就会成为什么人。

当我们从“五种时间”的角度看待事物和人，在不同的角度就会看到不同的排列组合，不同的排列组合决定了属性的区别。当你看见并理解了新的排列组合时，你就无法再假装今天和昨天一样。

茫茫人海，行走着拥有各种各样的时间花园的人，我们来研究一些拥有典型花园模型的人，打开他们的时间植物秩序，看他们在怎样排列五种时间，在怎样生活着：

五种时间的优先级决定了你的样子

好看时间	好玩时间	心流时间	赚钱时间	生存时间	可能会成为的人
高	/	低	/	/	美丽而苍白的人
低	高	/	/	/	沙发土豆人
低	/	高	/	/	邋遢但幸福的人
/	/	低	高	/	痛苦的富人
/	/	/	/	高	机械麻木的人

几种典型的时间花园模型

有些人在解决生存问题后，会选择大量的好看时间用于穿搭、美妆和拍照，以此为乐，但既不喜欢深度思辨，也不在乎拓展眼界。

24小时时间花园
24H Time Garden

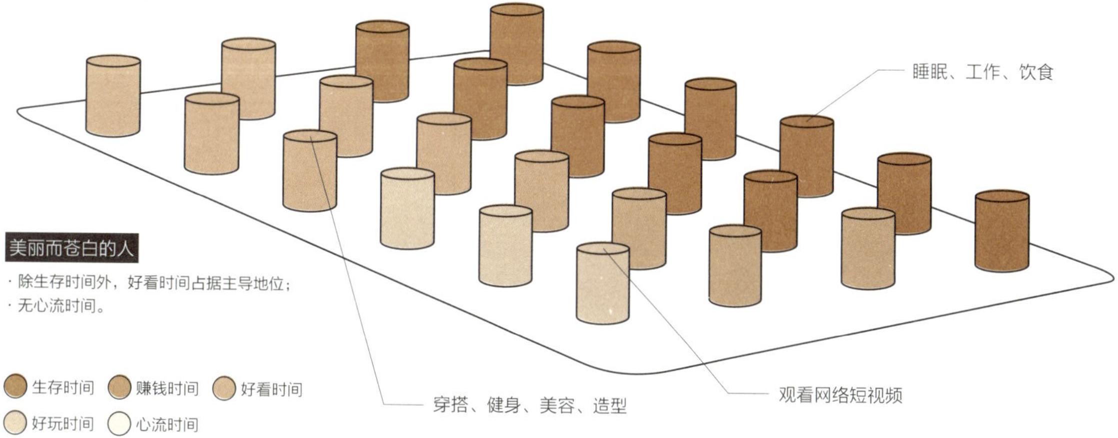

“美丽而苍白的人”的“五种时间”花园模型

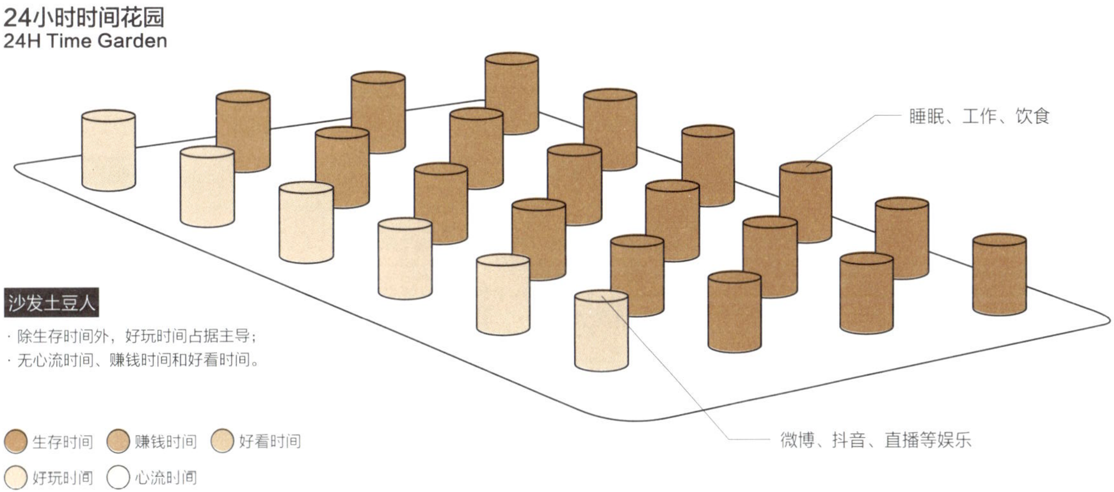

“沙发土豆人”的“五种时间”花园模型

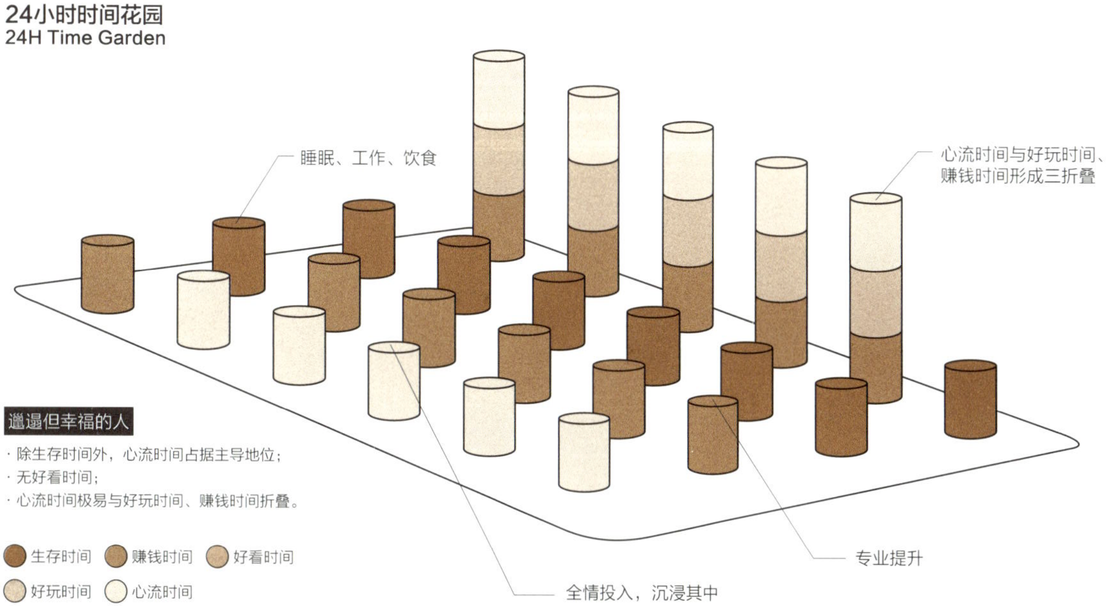

“邋遢但幸福的人”的“五种时间”花园模型

我们也许都认识这样的人，印象中那个美丽而苍白的人。下页是他的时间花园某天的样子，其中不包含赚钱时间和心流时间。

有些人选择沉浸在大量好玩时间里，包括玩游戏和看剧，既不太在乎自己好不好看，也没有发现热爱和挑战，因此没有什么真正的心流时间。其实我们知道，这些占据时间花园最大面积的，实际上都是被绑架的好玩时间。这一人群也有一个共同的称号，在英文中叫作“沙发土豆”，日文和中文叫作“肥宅”。

还有些艺术家、创作者或者科学家，每天都沉浸在心流时间里，他们不在乎外表，认为和灵魂生活相比，皮囊不重要。与此同时，他们也不太在乎外界的评价，是否邋遢、是否值得、投入是否换来了财富。这些人对大家来说神秘而自我，但也常常令人肃然起敬。

就像大家觉得有钱人通常有钱而不幸福一样，有的人会把赚钱时间排在第一位，除了赚钱时间其他方面确实很空洞，并没能拥有足够的时间发展生活的其他方面。最糟糕的是，机械的赚钱时间并没有转化为心流。

人长期被生存时间消耗时间和精力，会活得疲惫而惶恐。一个疲惫而惶恐的人常常负担不了理想和希望，他们不再主动选择好看时间、好玩时间，更何况心流时间，他们机械、麻木、痛苦，感到没有出路。他们也给自己起了名字，叫作“社畜”。

因为折叠时间的存在，花园模型远远不止 64 种。人与人全然不同，使用时间的区别，堪比非洲草原上的物种差别，那么多、那么大。但我们在花园模型中也明确看到，在新一天来临之时，在心流时间的

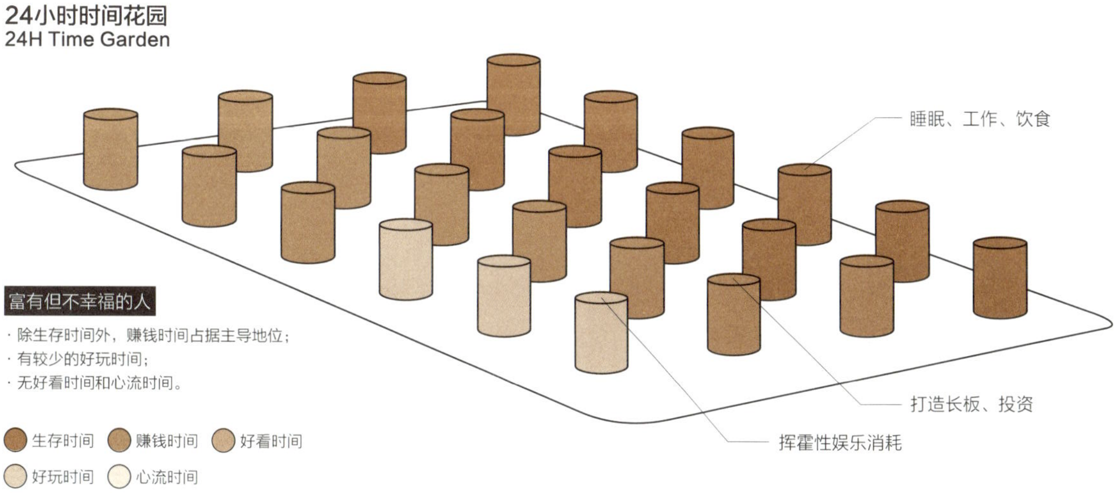

“富有但不幸福的人”的“五种时间”花园模型

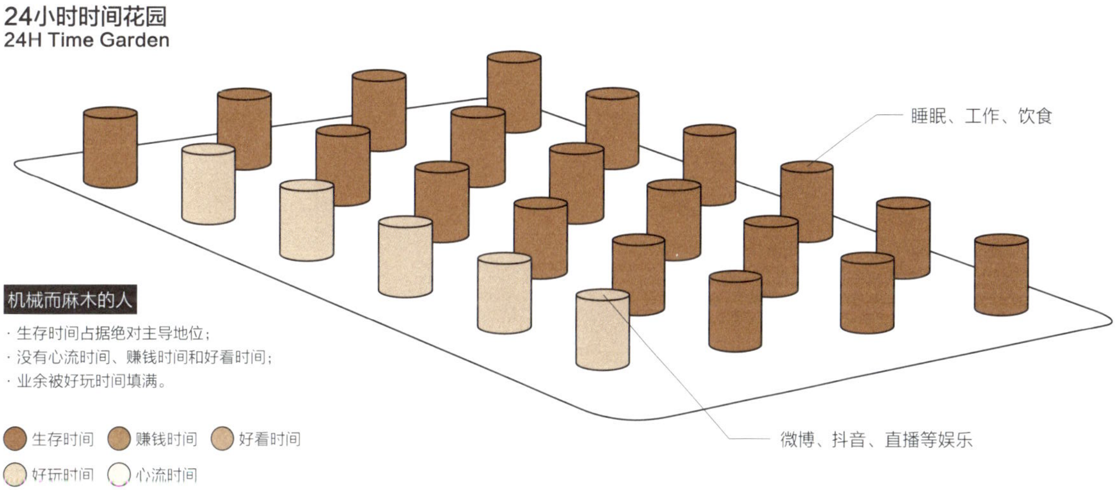

"机械而麻木的人"的"五种时间"花园模型

争取中，在对生存时间的逾越中，人始终有选择时间的自由，人终究是通过选择如何使用时间而选择成为什么样的自己。时间看得见。

幸福感植物

我们都知道，无论怎么打理这座时间花园，终究还是希望自己得到快乐和幸福的，纵然生存时间之中的痛苦是必要的选择。而无论我们把生存时间之外的其他时间怎么排列组合，都是为了获得现在或未来的快乐，也都是为有机会安排心流时间而拥有幸福的机会。

希望花园模型和以上各种时间组合能够解开你许久以来的困惑。

在大约 20 年前，我认定世俗成功是唯一值得努力的方向，因为我看到所有人都在朝一个目标向上攀爬，评价人与事的问题都是“值得吗”、“有用吗”、“投入产出比高吗”和“图什么”。

而现在，在我理解了“五种时间”体系后，在所有问题之中，一直应该被问、最有建设性，也常被我拿来扪心自问的问题就是“图什么”。这个问题，明确地在引导人辨认当下行为的目的，现在你应该明白而且可以充分解答了。

你这么苦、这么迷茫，是因为你正处在时间花园的生存时间当中，试图逾越。

你这么付出、这么等待，是因为你正处在时间花园的自由排列之中，你想投入时间给好看、好玩和赚钱，不仅要得到结果，还要得到结果中的快乐。你知道得到快乐的瞬间就如叔本华的钟摆，会短暂而无聊，但你也愿意反反复复地得到它。自由排列里充满了更高的阈值、沸点和成瘾性，你乐此不疲，图的就是快乐。

你想寻求超越，继续向深处探索，就回去种植心流时间植物，你图的就是幸福，你图的就是此时此刻。

当我还在电视台工作时，采访了一位普遍意义上的成功人士，当时我向他提问下一步的人生规划，他说还没想好，这个问题他可以私下回答，因为真实答案公开了也一定不会被采用。他的真实答案是:“下一步，要么信佛，要么放纵，实在还没想出别的选择。”

当时的我不理解，现在的我理解了。他的时间花园继续耕种下去，只有两个选择。一个选择是无限扩大自由排列里面的赚钱时间，他知道，赚钱时间就是一次次达到目标，继续刺激多巴胺分泌，但他需要更多、更大的刺激，才能超越之前的快乐体验。他说的放纵，就是这种体验的天花板，这是个形容，代表的是赚钱时间无限延伸的无力感。另一个选择是寻找心流，但由于此前缺乏心流体验，他所知的心流是宗教中的某种极度快乐，也许来自冥想、内观、入定或者什么，但并不确切地知道。了解心流脑神经科学的我们知道，那是大脑中 6 种激素同时分泌的幸福感。6 种激素中具有代表性的，就是让人感到平静、安宁的内啡肽。

现在，我们和他都有了结论，他的人生计划应该是播种心流时间植物，拥抱内啡肽，摆脱多巴胺的控制。20 年过去了，我也终于懂了，让我们与他共勉。

理想模型存在吗？

如果你是飞鸟，那么在天空中，你应该用多长时间来振动翅膀，多长时间来翱翔？

如果你是鱼，那么在河流里，你应该用多长时间来游，多长时间来漂流？

如果你要成为一个理想中的你呢？

世间到底有没有一座对于你来说完美的时间花园，里面排列着精心选择的 5 种时间植物，每一株都晶莹饱满，生长着你所有的渴望？到底有没有一个指导排列的量化标准和优先级原则，能让你不再患得患失，而是把时间植物笃定地种下后，只耐心等待开花结果？

打破生存时间的无限循环

我是一个创业者，为了公司的生存和发展，需要有更加复杂和严苛的时间管理观念。在各种时间优先级的调整中，我经常会为了计划中的未来牺牲当下的快乐时光。如果某一天把玩耍优先了，过后我会担心，其实玩耍的当下我就开始担心了。我既怕未来不来，也怕未来不像我期望的那样来，更怕未来是因为自己不够努力才不来的。我始终不知道多努力才算努力，努力到什么程度才有资格玩耍和休息。

我的工作和生活密不可分，认为把握人生的方式在每一天里，唯独不在玩耍和假期中，反而是假期会把我连绵的人生切割开来，令我打破节奏，被迫休整。我选择创业，就是选择不再有真正的假期，心里不放假，去哪儿都难免挂碍。我长期认为不存在关上电脑和手机就告别工作这件事，我就算关上脑子，一切问题还是我的，问题不会自动解决。

我到过各种地方，大多风景怡人，我也赞叹，也盯住欣赏，也拍照，但总忘不掉出发前没做完的那些事，也忘不掉我还在去往未来目标的途中。何止忘不掉，简直就是谨记在心。我也曾经认真思考享受当下和计划未来的比例关系，我知道二者兼备是健康的，但不知道这兼备如何实现。人们在假期中实现活在当下到底有哪些具体操作？还是说，人们其实也都在瞻前顾后中度过了假期。

“啊，日落真美，海鲜也好吃，但是公司那个问题怎么解决？”我永远会这样想，美景稍纵即逝，问题层出不穷，我望向的落日总悬挂在一些待办文档中间，如同电脑桌面壁纸上的落日。休息的时候我总想着赶路，心里认为走不完这一程，不配一次大休息。目标高远，大休息迟迟不来，累坏了赶路的人。

这其中最大的问题是，为了活在未来，错过了此刻，但是真正的人生不就在此时此刻发生着吗？我曾经的努力，是为了此刻，但我又因为还没到来的下一刻，不敢享用眼前的此刻，陷入了生存时间的无限循环，这分明是一个悖论。要获得时间花园的理想模型，我需要先打破这个悖论。

像我一样陷入生存时间无限循环的还有很多人，有些行业确实存在以高强度工作为荣的现状[1]。这种现状给“超高的工作强度”（主动选择的生存时间）带来了可疑的自豪感和充实感。身处其中的人接受了“更长的工作时间=更大的存在意义和价值”带来的荣耀和满足，用新的逻辑克服了自己内心的不适。

我和他们一样，因为陷入生存时间太久，淡忘了其他时间给过我的快乐和意义。五种时间相比较确实有优劣之分，但最优的是心流时间，它并不直接指向工作和金钱。各个种类的时间有各自的用处和价值，但是并不存在没用的时间。没用往往是在规定目标下对事物的判断。要参加高考，那非艺考生学画画就没用；要攒钱买房，那看小说就没用，但我们面对的是整个生活，当生活中存在多样化的目标时，每一个匹配目标的动作就都能发挥各自的作用。只是因为一件事不能赚钱，继而导致不能增加财富用以消费，就判断它没用，那只能说明这个人的目标已经塌陷得十分狭窄，并且已经跌入消费主义[2]的陷阱。

如果人真的分阶层，我们也在努力工作和生活，向更高的阶层晋级，更高阶层的标志应该是：拥有更多时间享受最优体验。那时我

---

1 在一本名为《精英主义的陷阱》（*The Meritocracy Trap*）的书中提到了这个现象：“健康的职业应该是一种自我实现和自我表达，但是现代一些行业超长的工作时间，让工作成了人生的全部，让人生没有了其他的意义。精英阶层变成了被孤立起来的劳动力。”

2 在消费主义的价值观中，消费本身成为人们追求的生活理念与方式，人们不断追求被文化制造出来的消费欲望。此外，在大众媒体传播的作用下，时尚消费、奢侈消费、炫耀消费被解读为个人财富、地位身份、个性品位及自我价值实现的标准，消费被当作人生的根本目的，价值的唯一标准。

们既有更多心流时间的保障，也更懂得心流时间的珍贵，不得不说，这都很需要赚钱时间和好玩时间作为支撑，金钱和见识会为心流时间的获得提供更多的条件，但并不绝对。如果人真的分阶层，每一类人的时间花园的样子必定是不同的。

我们这么努力是为了追求卓越，真正的卓越肯定不是持续劳动的能力。我们需要以逾越阶段性的生存时间为荣，而非以超长的生存时间为荣。

津巴多教授的建议

现在，你每天拥有一座新的时间花园，你做好准备甄选自己的5种时间植物并耕耘其中，你也下定决心，不再于生存时间中困顿。但你依然想知道，这五种时间，先安排谁，各安排多少才能让自己心安理得。这些选择之中，既包括赢在未来与玩在当下的矛盾，也包括拼搏事业与享受家庭的矛盾，那这世间到底有没有一种时间植物的排序方法，能让一个人兼顾和拥有一切？

津巴多教授在《津巴多时间心理学》[1]这本书里的研究结论，提供了一个关于享受当下和计划未来比例的重要参考。要理解这个结论，就要先理解津巴多教授提出的时间观理论。

1 推荐阅读：《津巴多时间心理学》，作者是美国心理学家菲利普·津巴多。作者提出观点，时间是物的一种存在方式。时间观念是我们每个人对于时间和过程的一种无意识的个人态度，这种状态使持续不断的存在被时间编入不同的种类而赋予我们的生活以秩序、连贯性以及意义。

时间观理论认为，每个人看待自己人生的过去、现在、未来的态度，都可以经过测试得出，既有的时间观被区分为 6 种：

1. 积极的过去时间观。

拥有这种时间观的人以积极的态度组织记忆。每当回顾过去，他们会认为自己度过了一段快乐美满的人生，并为此感到满足。

2. 消极的过去时间观。

拥有这种时间观的人回顾过去，会感觉曾经的经历糟糕，令人沮丧。

3. 享乐主义的现在时间观。

拥有这种时间观的人讲究及时行乐，今朝有酒今朝醉，花开堪折直须折。

4. 宿命主义的现在时间观。

拥有这种时间观的人用命运来解释已发生和未发生的事，觉得自己力量渺小，命运不能改变。

5. 未来时间观。

拥有这种时间观的人擅长做计划和延迟满足。他们志向高远，乐于计划和执行。对极端的未来时间观者来说，停下来享乐就是浪费时间。

6. 超未来时间观。

这种时间观与宗教信仰有关，未来指向来世，现在的行为也在为来世做积累。

通过测试，每个人会在测试结果中发现自己兼具这 6 种时间观，代表每个人对人生中时间的看法各不相同，时间观也能解释很多问题，比如：

> 吃撑是一件享乐主义的现在时间观的事，是为了满足当下的食欲；
>
> 锻炼是一件未来时间观的事，是为了塑造未来好看的身材；
>
> 恋爱是一件享乐主义的现在时间观的事，当事人现在相爱；
>
> 结婚是一件未来时间观的事，当事人要求未来。

加入时间观理论看待问题之后，你会发现很多区别都在于这个行为是要现在，还是要未来。

在了解 6 个时间观的描述之后，我们会发现对“五种时间”优先级的困扰来自其中“享乐主义的现在时间观”和“未来时间观”的矛盾。在我们拥有的 5 种时间中，好玩时间、心流时间显然属于享乐主义的现在时间观，立刻就要收获好玩和心流。而生存时间和赚钱时间的特点则是：生存时间是为了以后能逾越这一时间，赚钱时间是为了以后能赚到钱，二者显然是属于未来时间观的行为。好看时间就要看具体看什么了，如果用来健身，就是典型的未来时间观。

接受测试的每个人会在测试结果中发现自己兼具这 6 种时间观，每种时间观会获得一个对应分值。针对结果，津巴多教授给了人们一个标准答案——世界上可以存在一个健康、平衡、快乐的时间观配比。相似的高水平的未来时间观与享乐主义的现在时间观，再加上大剂量积极的过去时间观，就是最理想的时间观组合模式，也是这个时间观心理学的精髓。

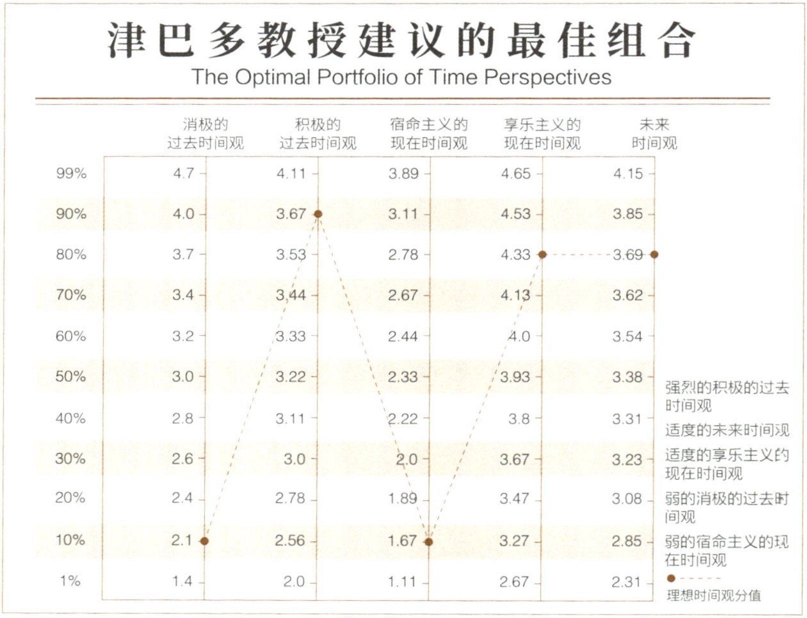

津巴多教授建议的最佳组合

The Optimal Portfolio of Time Perspectives

总结起来就是，有些时间是为当下服务的，有些时间是为未来服务的。当我们把它们安排到在人生中的重要性和行为的比例为1∶1的时候，我们最心安理得。或者说，当我们满足于现在，不满足于未来时，我们的时间管理最能兼顾当下与未来的收获。

按照津巴多教授的建议，我们获得了一座时间花园中五种时间最让人心安理得又兼顾现在与未来的占比模型。

24小时时间花园
24H Time Garden

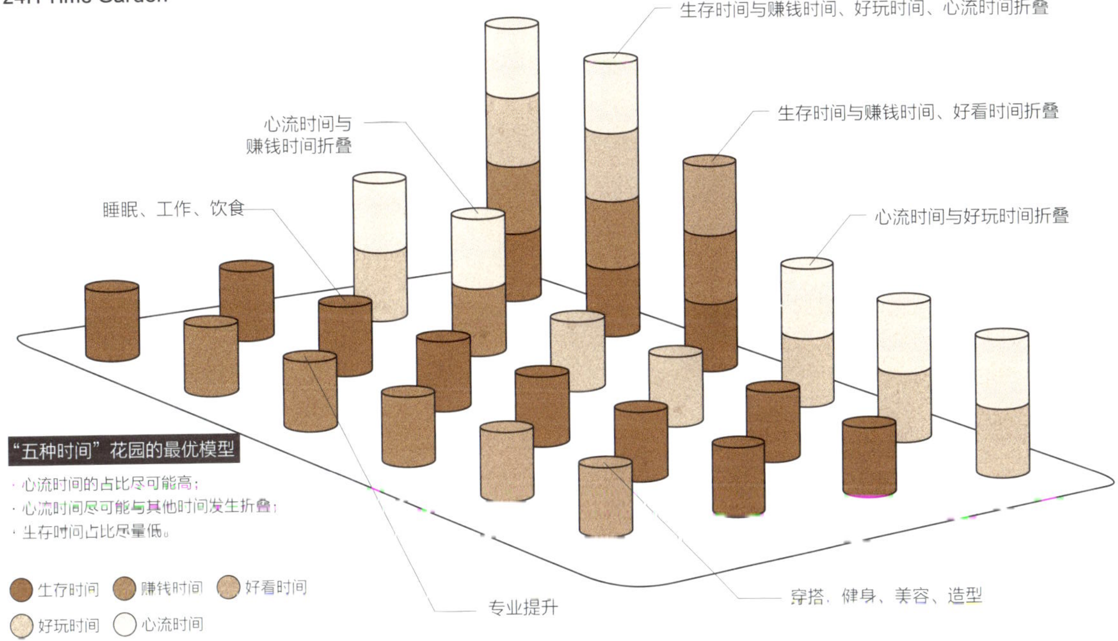

“五种时间”花园的最优模型

我称之为“五种时间的最优模型”：

- 心流时间的占比尽可能高；
- 心流时间尽可能与其他时间发生折叠；
- 生存时间的占比尽量低。

对每一个个体来说，理想的花园模型都是存在的，但它不可能具备固定标准，因为生活可以随着时间植物的组合变化呈现无数种样貌。我们可以明确的是：如果你在一切时间分配中都追求心流，那么生活会呈现一种全新的快乐。你需要靠智慧和勇气揭秘自己的时间排列顺序，是摸索让琐碎的时光变得丰富与隽永。在挑选时间植物再播种的过程中，人本身就是自由的。

我在本阶段的花园模型

在 2018 年的“五种时间”线下课巡讲中，我在课堂上排列了当时的五种时间个人优先级，是按好看时间、好玩时间、心流时间、赚钱时间、生存时间排列的。

两年过去了，当我重新客观审视个人优先级时，发现两年前的排列其实存在一个问题。排列显示，我把赚钱时间和生存时间排在了最后两位，但事实上在两年前，这两种时间在当时的公司发展阶段

24小时时间花园
24H Time Garden

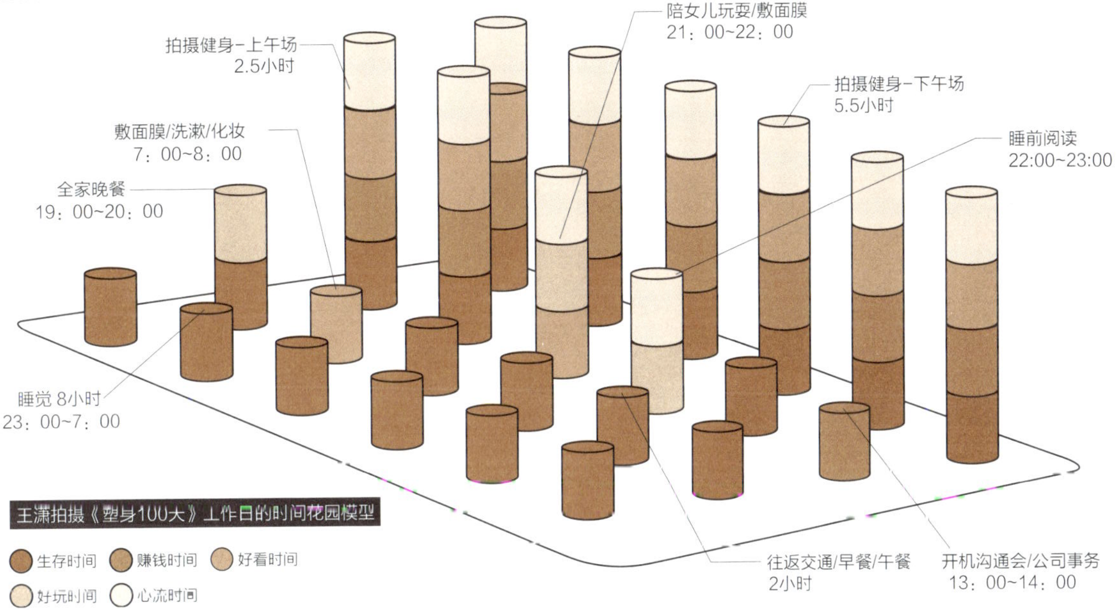

王潇拍摄《塑身 100 天》工作日的时间花园模型

中，明明比现在更加急迫和重要。那我为什么要这么排列呢？

这里面似乎有一个隐藏的心理：由于我取得的赚钱时间和生存时间的结果并不好，我就假装它们不重要。当我说我是主观上故意把它们的优先级置后的，就可以显得一切都是我选择的结果，一切都是求仁得仁，就不是能力不足导致的求而不得了。

这种心理就是因为怕输而说自己不想赢。得不到就说自己并不想要，竟然在这些道理看似都明白的自己身上发生了。如今我更加成熟了，认为和命运玩欲擒故纵有点愚蠢，命运为什么要眷顾公开说自己不想要的人呢？

好在，如果你准备开始应用五种时间花园模型来为自己重建新秩序，你就不需要向太多人展示和宣布，默默排列和执行即可。当你心里真正想要时，要明确告诉自己想要的强烈程度，只有意识到强烈程度，你才会采取行动。

作为示例，我再认真排列一次我现在的个人优先级和花园模型，它们应该是：心流时间、好看时间、赚钱时间、好玩时间、生存时间。

要问为什么赚钱时间依然排列在第三位，那是因为经过近两年的钻研和努力，在工作日，我的心流时间、好看时间都能够做到和赚钱时间更多地重叠了。当我写作时，心流时间和赚钱时间重叠，当我健身和录制健身视频时，好看时间和赚钱时间重叠。正因为这经常发生的二折叠，我更多地走在了超级R的曲线上，也终于得以逾越本阶段的生存时间。

每个人都要找到自己的理想模型，要始终挑选你热爱的时间植物，不要退缩，不要姑且为之，不要使它看起来合别人的逻辑，不要依据潮流修改你的灵魂。相反，只有狠狠追随最强烈的心流体验做选择，内心世界和现实世界的路径才能连接。

真正的信息，是只有做了才知道的信息；真正的技能，只能是在尝试中积累的技能。要使用时间花园自然生长和生态交织的力量帮你完成工作，你就必须和时间合作，让未来自然而然地发生。

在平凡的每一天，把自认为最需要的时间植物，都一一种植在时间花园里，剩下的就交给历史进程了。

You are the focused, committed and determined one.

by the Author

你就是那个专注如一、说到做到、意志坚定的人。

——本书作者

08

命运地图

你就是那个专注如一、说到做到、意志坚定的人。

每一天就是一座时间花园，用来播种 24 株时间植物。人生中分布的时间只有 5 种，所以不是种满这几种时间植物，就是种满那几种时间植物。

我们面对的未来，需要种满千千万万座时间花园。如果你清楚自己人生的道路是要攀爬一座高山时，在陌生的土地耕耘就更成为一个极其恰当的比喻。放眼望去，这些花园将一直排列到你要去的山峰，还会越过山峰，排列到生命的尽头。

接下来的命运，就是你的愿景在时间里铸就的，愿景被细分凝结在时间植物上，就灌注在你每天的时间花园之中。如果想预示和掌控命运，你就不得不选择和关注每一株具体的时间植物。此时此刻，你到底选择了什么？

愿景决定了我们会选择什么样的时间植物，时间植物的积累又反过来把愿景变成了现实。要想让时间花园对命运产生作用，就需要愿景，而人和人最大的区别就是愿景。

绘制地图：愿景故事

了解了“五种时间”和时间折叠的所有奥义之后，你已经有能力为自己绘制一张命运地图了，并按照“五种时间”的方法绘制出接下来的路线和里程碑。有了路线和里程碑，你就会知道要朝向何方播种。

现在的你正位于地图的起点，首先需要确定前面的第一个终点在哪里，否则无法绘制路线。

在第一章，你获得了一个有效的参考依据——追悼会策划表，此刻你可以回顾这份重要文件，仔细阅读那上面已经写好的生平，因为生平部分的描述最接近你的愿景。你需要端详，你曾为自己的命运写下一个什么样的故事。

绘制地图的关键就在于，你要为自己讲一个什么样的故事。这个故事蕴含着你最重要的精神资源、最直接的信念：“看！这就是我要成为的人，要做到的事，能具备的力量，能渡过的难关。”

现实用来震慑人的终极武器就是死亡，这场死亡预演已经替你过滤掉不重要的信息。死亡是我们终将到达的终点，愿景如果不兑现，生与死之间的可能性就会作废。在这份追悼会策划表的描述中，摘除那些缥缈的好和坏，愿景的实现简洁到由两个方面构成：一个是有待解决的问题，一个是正在尝试的方法。一切都特别具体，具体到可以凝结到每一种时间植物里。

你也许会认为这一版生平中有很多不切实际的地方，图像遥远而模糊，但是又似乎透露着可能性，每当念及这些可能性，你依然会为之激动。要永远保留这一版生平，不要删除和覆盖你给过自己的最狂野的想象，因为人一定无法到达自己根本不敢想象的地方。只要还有足够的时间，可能性就蕴含在五种时间的排列组合之中。

死死盯住你的愿景，未来的时间、行为和选择一定会令其慢慢清晰。只要盯住它，模糊的愿景会像无形的力量一样操纵你的追求，给你动力和耐心收集拼图，图像越清晰，你就越具备长期的驱动力。

请在地图上的起点处，写上此时此刻的时间和地点。挑选一个远处的旗帜，写上愿景实现的具体年份，你可以选择 10 年、5 年或 3 年的时间维度，这取决于你现在的状态和你决定给自己的时间段。在旗帜旁，你会看到五种时间的颜色，这代表着你对愿景中五种不同目标的分解。

根据生平中你对五种时间各类目标的渴望程度和现在的可执行程度，对五种时间的优先级进行排列，依次从下到上填写在表格之中，这个次序将是你长期安排日程时会参考的五种时间优先级次序。

在愿景到来的那一天，你的目标无论是拥有着什么样的心流成就、赚钱结果、好看程度、好玩体验，都需要用SMART原则[1]量化并填写下来，就像你写生平时一样。而在那时，你还需要做一个核定，即你认为那时还存在的生存时间，是一个在何种高度上的考验。正如我们所知，生存时间会在每次晋级后重复出现，需要终身逾越，那么你也要为那时候强大的自己设计一个匹配的难度：当愿景到来时，你正逾越到哪一关。

---

1 SMART原则由彼得·德鲁克提出，五个字母分别代表具体的、可度量、可实现、相关性及有时限。——编者注

绘制你的命运地图

Map Your Future

目标优先级

在五种时间的维度下，你当前的优先级排序。

	>		>		>		>	

1.
2.
3.
4.
5.

1.
2.
3.
4.
5.

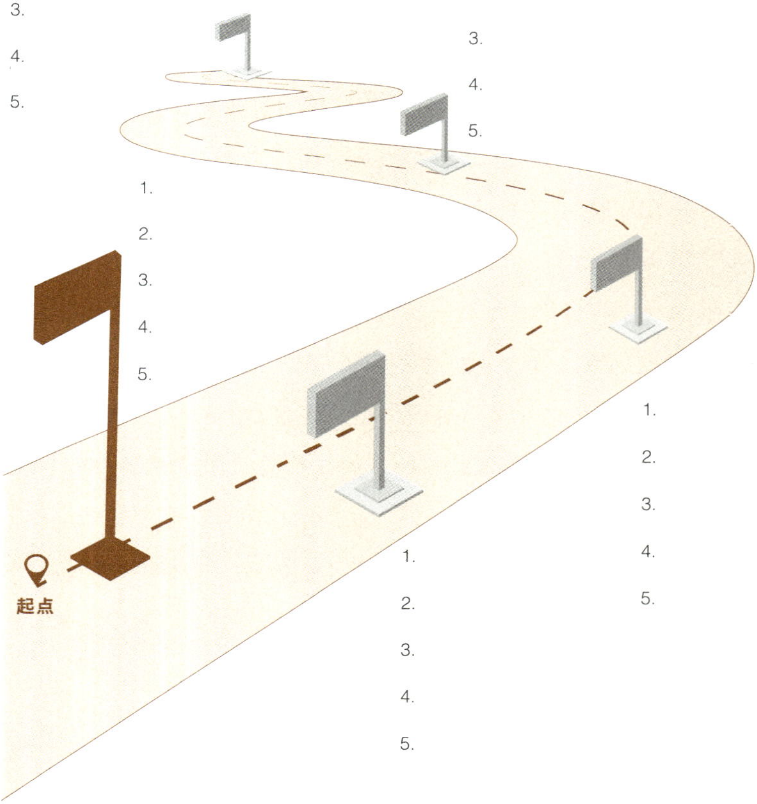

1.
2.
3.
4.
5.

1.
2.
3.
4.
5.

1.
2.
3.
4.
5.

命运地图

特别是，这一份“五种时间”的愿景和我们在趁早效率手册上看到的大概率幸福的目标清单再也不相同，你会清晰地看到自己的人生将以全面而立体的方式呈现，无论你想要哪一种体验和成就，都摆脱了人云亦云的评价，在最初就清晰地确定了自己的标准。

路线：榜样的生平推演

只要具备了起点，就有了出发的可能。起点是你的时空坐标，核定了你与万事万物之间的距离和关系，让你拥有一个在格局与结构之中的位置。站在起点上环顾四周，你会看到远方的可能性，去往可能性会有不同的路径，每一条路径的选择不仅会引领你到达一个不同的结局，也会途经不同的风景。

我们踏上路，也同时踏入了一场冒险。冒险意味着，我们未必能按既定的时间和计划达到目标，还有可能根本无法达到目标。在去往愿景的路上，我们并不能预知收获，可以预知的只是随机、混乱、不确定，还有一定会发生的失眠。失眠不是最可怕的，如果失去了明天的方向和规划，再好的今天也只是暂时的。若能够花一夜时间想明白下一段路，失眠会令人重新获得信念。

要得到超乎常人的愿景，需有超乎常人的执行力。这其中还有一步，在每个关键时刻，要能设计出最摄人心魄的排列组合。在观察到人与人所得成果之间巨大的差异时，希望你的脑海中能迅速映现他们全然不同的时间花园的样貌，他们常年为自己选好的时间植物组合，他们锻造的属于自己的时刻。

当你需要向榜样人物学习时，有个非常实际的方法，就是通过他们的采访或自传（如果能够得到他们的时间表或者直接与本人沟通最佳）来推演他们的时间花园的组合方式，尤其是时间折叠方式。榜样人物很像生存时间中的教练，如果是行业前辈或者是确切实现过你想达到的目标的人，那么他们的时间表，即一天中使用和分配时间的方式会极具启发性。

用他们的时间表进行推演，就得到一个可以参考的花园模型。当你想成为一个像他们一样的人时，就先模仿他们的花园模型。

按照村上春树的自述，当他进入长篇写作状态，就会为自己安排非常严谨的时间表。

他的观点非常明确：

> 年轻的时候姑且不论，人生中总有一个先后顺序，也就是如何依序安排时间和能量。到一定的年龄之前，如果不在心中制订好这样的规划，人生就会失去焦点，变得张弛失当……确立能专心创作小说的稳定和谐的生活。我的人生中，最为重要的人际关系并非是同某些特定的人物构筑的，而是与或多或少的读者构筑的。催生出高品质的作品……不才是第一优先事项吗？[1]

1 村上春树. 2015. 当我谈跑步时，我谈些什么［M］. 施小炜译. 海口：南海出版公司。

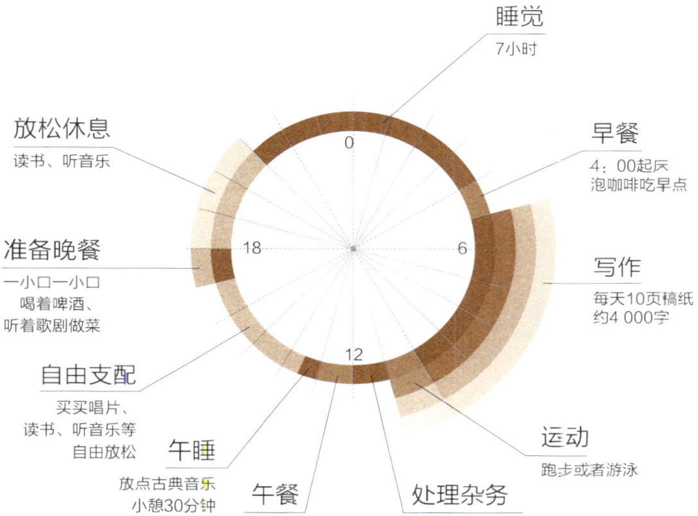

村上春树写长篇小说时的作息安排

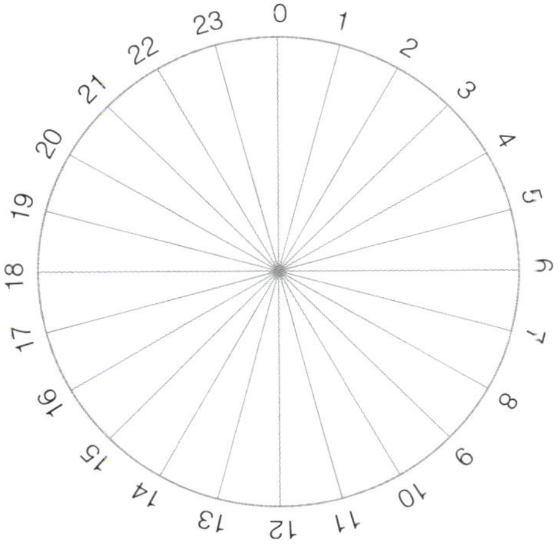

未来 24 小时表盘

24小时时间花园
24H Time Garden

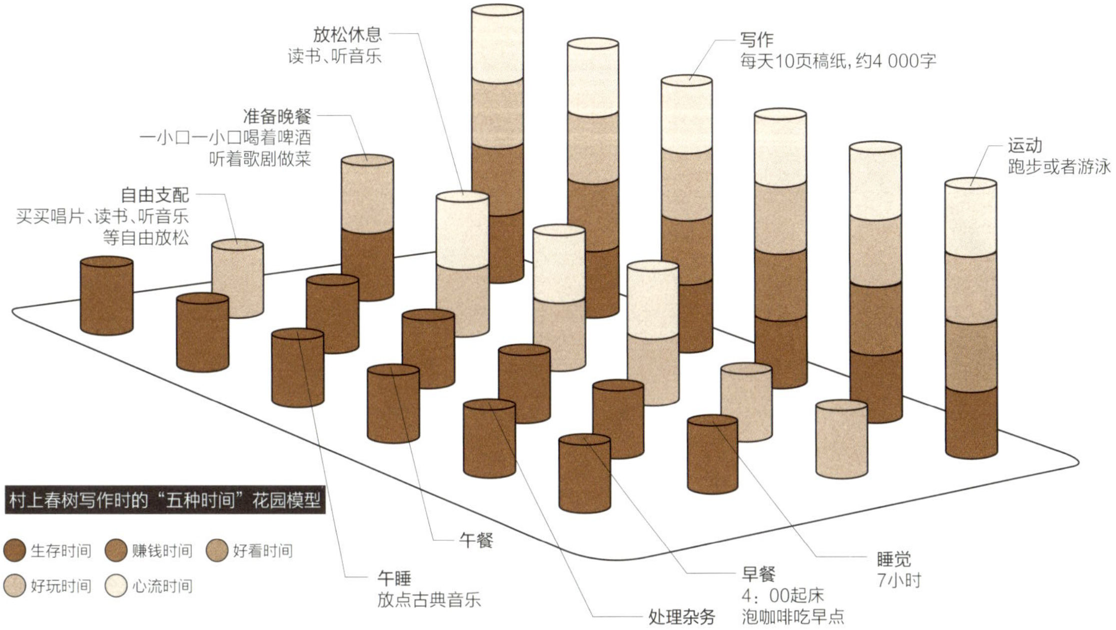

村上春树写作时的“五种时间”花园模型

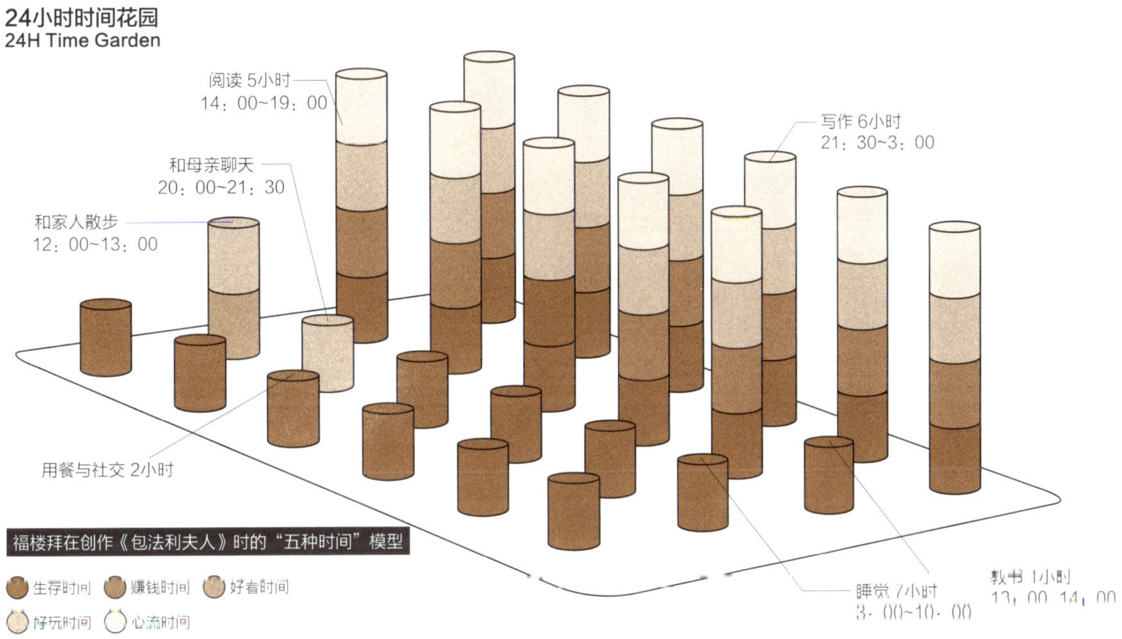

福楼拜在创作《包法利夫人》时的“五种时间”花园模型

数据来源：《数据可视化：40位数据设计师访谈录》

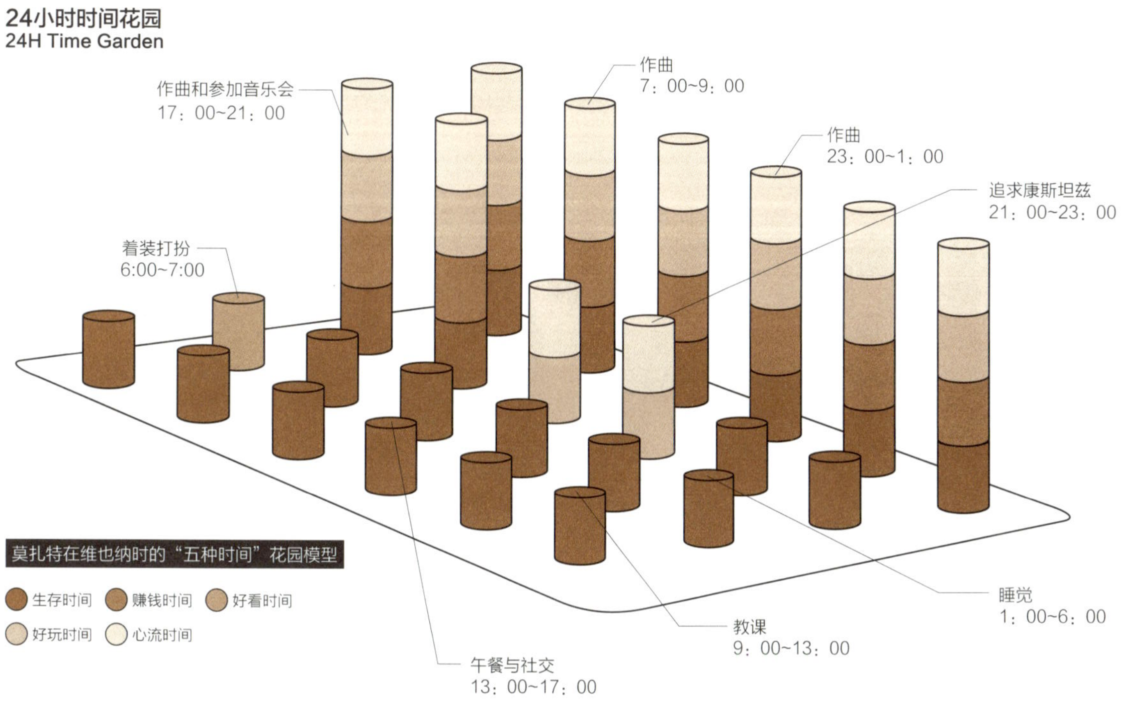

莫扎特在维也纳时的“五种时间”花园模型

数据来源：《数据可视化：40 位数据设计师访谈录》

想想那些时间花园，它们是原因也是结果，是驱动也是奖赏。再想到此刻的你，生活在你面前慢慢展开，可能性与未来交织在一起，未来回望此刻，一切都发生在今天，你开始填写属于自己的命运地图的这个瞬间。

里程碑：你的时间花园

这里需要依次下降拆分的简易表格，以及一个空的“五种时间”花园模型用于填写或上色。

这里是你全面书写自己独立人生的重要时刻。本书所有的叙述和结构，都在这里汇聚，接下来要纳入你的生活，就是现在、立刻、马上。以上所有，请付诸行动，而不是随便说说。

任何看似不可能的事情，都可以无限拆分至简单到足以执行的步骤，一切达成皆有可行的路径。这个倒推拆分动作，就是世间从大到小所有计划的样貌。在这个步骤里，你需要将旗帜旁写下的五种时间愿景分别向下拆分，拆分到年，拆分到月，拆分到天。

为了详尽地拆分，请你把它们一一按目标倒推。

比如心流目标，如果你描述三年后的自己每天都有 2 小时处于幸福的心流当中，那么也许倒推到眼下是你每天至少要做到 1 小时不刷手机的专注，这是 1 小时的心流时间植物。哪怕你知道以自己现在浮躁的状况，专注 1 小时都很艰难，更别提感受到心流了，但是为了

24小时时间花园
24H Time Garden

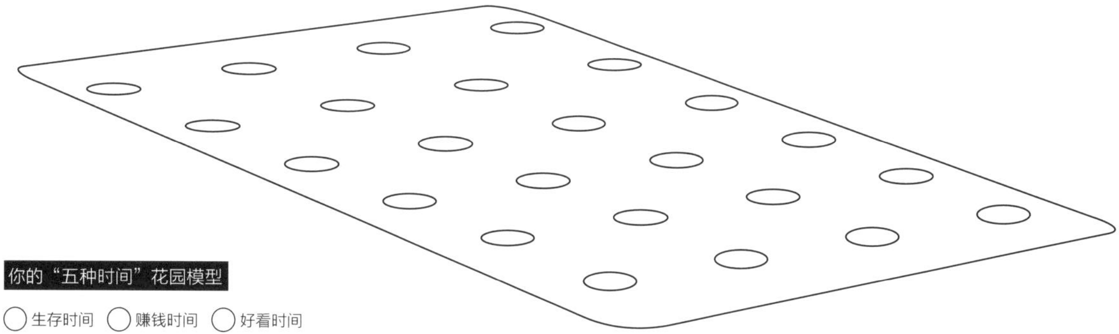

你的“五种时间”花园模型

◯ 生存时间 ◯ 赚钱时间 ◯ 好看时间
◯ 好玩时间 ◯ 心流时间

你的“五种时间”花园模型

注：每种时间的颜色读者可自定义。

目标，你必须安排出 1 小时的心流时间用来练习专注。这 1 小时，你要远离手机，看看自己还有多少深度思考的能力。

你知道心流很需要热爱作为基础，但是你没发现自己真正热爱的。于是倒推到现在，你需要为自己安排每天 2 小时的好玩时间。当然在过去，你每天也有甚至不止两个小时的好玩时间，用来看剧、玩游戏。现在你知道，虽然这些娱乐选择都理所当然，但你不想就这样被多巴胺绑架下去，于是决定转换好玩时间的方向。你把“B 站”（哔哩哔哩弹幕网）上所有有趣 up 主（上传者）的玩法、活法列了个清单，先都观摩一遍，看看里面到底有没有你也喜欢的方向，只是想想也很让人放松开心。现在你拥有了两种崭新的好玩时间植物。

如果你是个年轻女生，本来就留意保养和化妆，好看时间对你来说最简单了。不过既然长期主义的好看是修炼“内丹”的结果，你还是要趁早行动，养成习惯。这样的话，在化妆和健身上你打算一天共用去 2 小时，毕竟前后需要卸妆、洗澡、换衣服，你想变好看嘛，还是要从容一点，于是你高高兴兴安排了 2 小时好看时间。

说到赚钱时间，你心情复杂，知道自己一直在这方面有惰性。你当然想有更多钱，每次刷朋友圈看到同学、同事炫富时也会心情不稳定。很长一段时间了，你说不好自己在等待什么转变，不过到现在什么也没有发生。你这回理解了人生终极等式的曲线，虽然还是觉得那样的生活未免辛苦漫长，但也认同自己在人才市场上的确是个产品，遇到打击和比较的时候，也想变成一个高手，拥有一项明显、厉害的技能。那就安排赚钱时间，增强核心竞争力吧！你这样想着，为自己目前最感兴趣的职业技能订立了一个学习计划，你看看一天所剩时间已经并不太多，为自己安排了每天 2 小时的赚钱时间。当然你也掌握了时间折叠的概念，于是你打算把这两个小时和练习专注的 1 小时折叠起来使用。既然这样，你索性 2 小时就都不看手机了！

剩下的时间都是生存时间了。你想到这里叹了口气，睡觉、吃饭之外，这个工作你已经越来越不喜欢了，但也有高兴的时候，同事中有讨厌的，但也有可爱的。也许你接下来的赚钱时间计划执行足够长的时间，就能用更棒的技能让自己挪动一下呢，也让那个讨厌的同事看看！而且想想自己坚持锻炼以后肯定会变漂亮，工作技能又变好了，那还是挺高兴的。你决定在接下来的生存时间里面，应该让自己高兴起来。

想到变漂亮，你又想到还没有男朋友这个问题。你并不是真的在乎是否结婚，但是你很想能被人喜欢和爱。自己也承认的确是宅的时间太多了，那怎么办，以上各种计划不是让自己变得更宅了吗？这时你想到，相亲为什么不可以是好玩时间呢？相亲也是去满足对世界的好奇心，每次对面坐的那个人，也是打开世界的另一扇门，打开之后不喜欢就关上，也是可以的。好玩时间不代表一定收获好玩，但是代表你还愿意为了进入未知而付出努力！于是你开心地安排下一个新目标：每周给自己 2 小时好玩时间的相亲份额。哈哈，谁知道呢，也许不止 2 小时呢！

好了，就这样，你已经把自己崭新的时间花园打理好了！

当你能够把五种时间的愿景拆分到天时，你就发现，时间花园之中，确切的优先级和配比出现了。一切都由你的渴望倒推而来。你每一天的时间花园，就会这样积累生长出你的未来。

此刻的你，正处在蝴蝶振动翅膀的前夜，你要信赖你最终得到的这座时间花园，它才是阿拉丁神灯，它能让你的生活长出独有的生态环境。你的毕生愿景，午夜来临时的渴望，曾经的懊悔和觉醒，都可以通过每一天的播种向着未来整个人生扩散出涟漪。从此以后，你可以对自己、对外界传递简单明确的信息——我是谁，我在做什么，我带着信念，我的时间花园郁郁葱葱。

左侧是命运地图环节的引导音频。

请打开微信，扫描左侧二维码，进入“趁早”公众号，回复关键词“命运地图”，即可获得命运地图的引导音频。在作者王潇的语音引导下，完整填写你的命运地图和时间花园。这部分练习的完成将成为全书阅读的尾声，也会成为你未来方向的重要参考文件。

写在最后

我们常常会注视着日落，看时间以肉眼可见的速度流逝。

少年时，每个人都曾经展开过想象，未来会是怎样的生活，自己会怎样，想知道能否成为独特的、强大的、有感染力的人，美好时刻能否变成现实。后来岁月流逝，当发现真正可以拥有的生活和人生的种种可能性并不容易取得时，心中渴望的声音会越来越微小，有时候我们会感到，终将会塌缩为一个真实的自己了。

每当你感到塌缩时，可以来翻动本书，对照你的感受，回顾你填写过的表格和答卷。希望你能够再次打量从脚下伸向远方的时间，意识到在时间面前，你永远都有选择。

本书所描述的时间管理，其中的“时间”就是你的未来生命，“管理”就是要把你想讲的整个故事嵌入命运地图之中，然后按年、按月、按天耕耘你的时间花园。在信息时代和智能时代，这条道路上的诱惑和困扰比以往任何时代都来得凶猛，因为它们会绑架你的注意力，瓦解你的力量，让你变得犹豫和脆弱。但与此同时，这个时代对你完成故事的帮助，也比之前任何时代能给的都要迅速和全面，只要你认真做出每一次选择，信息会通过无数通道给你前所未有的支持和关注。

如果你一直渴望有一个人能敦促你走上这条道路，能够在诱惑袭来时拉住你不放，不许你胆怯，不许你沉沦，不许你随波逐流，不许你就此沉睡，那么现在，你自己就是这个人。

致　谢

在此感谢多年来和我并肩战斗的团队，尤其感谢趁早学院教研负责人杜明明、趁早文创研究所所长余婷婷对“五种时间”体系搭建的巨大贡献。2018 年春天，我们三个人先在白板上勾勒出结构思路，之后历经许多日夜将其丰富成巡讲课程，如今终于形成了完整的体系。

感谢趁早文创设计师瓢果，同步研发设计五种时间手册及对本书插图的贡献。

感谢佛山趁早读书会的重要成员LuLu，对“五种时间”体系初始版本的贡献。

感谢多年来支持和信任“趁早”的每一位读者和用户，共同推动“趁早”的理念和业务不停生长、前进，让我们得以在无数真诚的反馈中实现试错和迭代。

感谢“趁早”投资人邵珲先生对“趁早”信念的深刻理解及对《五种时间》的结构性建议。

感谢郎平教练在第二章中为“运动员密码”带来的三大启发。

感谢中信出版集团 24 小时工作室，从《时间看得见》这本书开始，就在积极和勤勉地工作，帮助我们一起传播正向的生活方式与信念。我们都相信，写作、出版和阅读中闪烁的微光，拥有着神秘的力量。

感谢得到的创始人罗振宇和脱不花在听完“五种时间”线下课后给出的中肯建议，建议包括五种时间的讲述顺序和关于“折叠时间”的表达，这些都在文中得到了体现。

感谢此前走过的一千个路口，煎熬过的所有生存时间。

参考文献

[1] 亚伯拉罕·马斯洛.动机与人格[M].许金声等，译.中国人民大学出版社：北京，2012.

[2] Behavioral Priming: It's All in the Mind, but Whose Mind[J/OL].https://www.ncbi.nlm.nih.gov/pmc/articles/PMC3261136/,2012-1-18.

[3] 阿图·葛文德.清单革命[M].王佳医，译.杭州：浙江人民出版社，2012.

[4] 达蒙·扎哈里亚德斯.高效清单工作法[M].胖子邓，译.北京：机械工业出版社，2019.

[5] 卡罗尔·德韦克.终身成长[M].楚祎楠，译.南昌：江西人民出版社，2012.

[6] 阿比吉特·班纳吉，埃斯特·迪弗洛.贫穷的本质[M].景芳，译.北京：中信出版集团，2013.

[7] 西恩·贝洛克.具身认知[M].李盼，译.北京：机械工业出版社，2016.

[8] 埃米·卡迪.高能量姿势[M].陈小红，译.北京：中信出版集团，2019.

[9] 米哈里·契克森米哈赖.心流[M].张定绮，译.北京：中信出版集团，2017.

[10] 史蒂芬·科特勒，杰米·威尔.盗火[M].张慧玉，徐平，陈英祁，译.北京：中信出版集团，2018.

[11] 马尔科姆·格拉德威尔.异类[M]. 苗飞，译. 北京：中信出版集团，2014.
[12] 安德斯·艾利克森，罗伯特·普尔.刻意练习[M]. 王正林，译. 北京：机械工业出版社，2016.
[13] Bandwagoneffect[EB/OL].https://en.wikipedia.org/wiki/Bandwagon_effect.
[14] 菲利普·津巴多，约翰·博伊德.津巴多时间心理学[M]. 段鑫星，译. 沈阳：万卷出版社，2010.
[15] 刘素. 马克思的需要理论与美好生活的当代构建[D]. 上海：上海师范大学，2020.
[16] 吴鼎铭. 互联网时代的“数字劳工”研究[D]. 武汉大学，2015.
[17] 李美玲. 意识、无意识奖励启动对执行控制的影响[D].北京体育大学，2019.
[18] Mike Caulfield.The Garden and the Stream: A Technopastoral[EB/OL].https://hapgood.us/2015/10/17/the-garden-and-the-stream-a-technopastoral/, 2015-10-17.
[19] 王潇.自己给的才是安全感[EB/OL].UL7YZt7WGiArtaCEPBw, 2015-12-16.
[20] Eric Richard Kandel.The Disordered Mind: What Unusual Brains Tell Us About Ourselves[M].Farrar, Straus and Giroux, 2018.
[21] Daniel Markovits.The Meritocracy Trap: How America's Foundational Myth Feeds Inequality, Dismantles the Middle Class, and Devours the Elite[M]. Penguin Press, 2019.
[22] 史蒂文·布劳恩. 数据可视化：40 位数据设计师访谈录[M]. 贺艳飞，译. 桂林：广西师范大学出版社，2017.

附　录

以下是书中 24 页和 239 页语音引导的原文。

追悼会策划表语音原文

同学你好，我是本书的作者王潇，我们现在来到了“追悼会模拟策划”环节，为了便于大家更好地理解和完成，接下来就请跟随我的引导一步步完成填写。

在正式开始之前，我们有几项简单的准备工作要做：

首先，此环节预计需要 40~60 分钟，请确保你预留了足够的时间。

其次，请找到一个舒适安静的位置或者房间，关好门，手机暂时静音或调整为飞行模式，确保在填写期间不会受到任何外界干扰；

最后，你可以选择将灯光调暗，或者在台灯下书写，这样更有助于你沉浸在思考中。

◎ 背景音乐播放

首先是忌日，这个忌日一定存在，也终会来临，请大家在生卒年左侧填写自己的出生日期，这个日期是非常确定的，之后填上假定自己此生已经过完，去世的具体日期，需要具体到月和日。这里要假设生命的长度，这个长度既可以根据遗传、你的生活习惯、现在的健康状况、家族的情况来进行判断，也可以根据你希望一生有多长来进行判断。

对于健康的人来说，死亡是一个不吉利的话题，但也是一个无法逃避的问题，只有预知自己的生命长度，才能做有效的安排，所以请先写下你猜测或预估的死亡时间——你的忌日。比如我可以猜测我将死于 2080 年 5 月 1 日—— 60 多年后的一个春天，现在请你完成填写。

◎【暂停】填写中，1 分钟

填写这部分大约需要 1 分钟，你可以按下暂停键完成。

接下来是托付人，因为在使用这份策划表的那一天，我们已经不复存在了，没有办法执行，你需要在你可信任的人里，托付一个在当天能够执行这份策划表的人。

◎【暂停】填写中，1 分钟

填写这部分大约需要 1 分钟，你可以按下暂停键完成。

现在在脑中勾勒葬礼当天现场的样子，首先要有花，我们要为自己选择一种或几种鲜花，你认为哪一些花卉的样子、颜色、芬芳对你来说是独特的记忆。比如你在人生中收到的第一束花，你最喜欢的那种花的含义，把你选择的鲜花的名字还有它代表的含义及选择的原因填写在相应的位置。

◎【暂停】填写中，1 分钟

填写这部分大约需要 1 分钟，你可以按下暂停键完成。

之后是背景音乐或者歌曲，大家说人生像一场漫长电影，那么它应该有一首主题曲，你认为哪一首符合你想象中过完这一生的样子，就选哪一首。它可以有歌词，也可以没有，只要它的旋律或者所代表的含义曾经打动你，你希望你的人生这样去活，也希望那一天到场的人，能够在这首乐曲的环绕中与你告别，感受你传达的信息，那么写下它。

◎【暂停】填写中，1 分钟

填写这部分大约需要 1 分钟，你可以按下暂停键完成。

下一项，我们生活的痕迹存在于各个地方，我们可能曾经以文字、视频、图片等各种各样的方式存留于互联网的记忆中，那是我们存在过的痕迹和证明。但是当你有一天不在这个世间，你希望如何处理你的社交账号呢？有的人选择保留，停在最后更新的那一天，聊以慰藉思念自己的人，他们依然可以给你留言，依然可以感觉到你曾经的存在；有的人会委托他的亲人、朋友，代表他发一封告别信；有的人希望委托人在那一天到来时删空账号里面的内容，抹去所有的痕迹。你如何选择和决定呢？请写在这里。

◎【暂停】填写中，1 分钟

填写这部分大约需要 1 分钟，你可以按下暂停键完成。

来到下一项，在离开前如果有机会和重要的人告别，你会选择什么方式？是写信还是亲口讲，还是录制一段视频？在你离开后，等待他们去看。抑或是不告别，请写下来。

◎【暂停】填写中，1 分钟

填写这部分大约需要 1 分钟，你可以按下暂停键完成。

写好告别方式，我们会来到一个需要你认真回忆和梳理的环节，在你的追悼会上会有你一生的亲人、爱人、朋友和同事，他们中有些人参与了你人生的开始，有些人见证了你的低谷或者高光时刻，有些人一直在你身边，有些人走着走着就散了，但你依然爱他们，你希望在人生的最后，能有一个完整的告别，在这里请真实地写下这份邀请名单，你希望他们如约而至。

◎【暂停】填写中，1.5 分钟

填写这部分大约需要 1.5 分钟，你可以按下暂停键完成。

接下来，来到这份策划表最重要的部分，你的生平。在追悼会上，你的生平会被朗读，大家会通过这些生平追溯你一生的经历、你的体验、你的成就、你的爱与被爱。先在第一条横线上写下你的名字，在“是”的后面写下一系列你希望可以用于描述自己的形容词。

在你即将到来的漫长一生里，你希望成为一个什么样的人？不论这些特质、性格、个性、成就你现在是否拥有，都可以写下来。这一行、这一句就是你对未来自己最完整确切的描述。

◎【暂停】填写中，2.5 分钟

填写这部分大约需要 2.5 分钟，你可以按下暂停键完成。

来到下面的一行，在家庭中，你要写上一生中你在家庭中对自己的描述。家庭分为两种，一种是原生家庭，另一种是自己选择建立的家庭。你在原生家庭和选择建立的家庭中，对自己有什么期待？希望对自己的能力和角色进行哪些构建？请在这里写下你的描述。比如，你在家庭中是一个维护和谐的人吗？是一个贡献力量的人吗？是一个给予家庭勇气和安全的人吗？是帮助每一个成员成为自己的人吗？你希望成为一个什么样的女儿或者儿子，一个什么样的父母，一个什么样的人生伴侣？在这里写下对自己所有的期待和描述。

◎【暂停】填写中，2.5 分钟

填写这部分大约需要 2.5 分钟，你可以按下暂停键完成。

接下来，无论你曾经为社会提供过什么价值，无论你是自由职业者还是在体制内工作，只要你的时间、精力、才华为社会提供价值，为他人提供价值，就都是一种存在的形式。所以请在这里写下你在事业、职业、整个未来生涯规划中，对自己最高成就和价值的期许。

无论现在你在哪个阶段，由于你正在写的是你的生平，是你毕生想要达到的最高成就的描述，所以你都可以狂野地想象，那个未来的你将成为的样子或者将取得的成就。当这份生平被朗读的时候，你已经不在这个世界了，这些内容将是对你漫长一生中所做过最有价值的事情的描述。

在这里，你可以定义你想达到的工作或事业成就，这个成就可以来自各个方面，无论是你想帮助的人的人数，你想要影响的范围，还是你创造的财富，你在科学、艺术、文化或其他领域对世界的参与和推动，甚至只是更私人的体验，都可以将描述写在这里。

在工作这一栏中，除了形容词，我们应该比较量化地去描述，因为成就是可以量化的。比如你是一个医生，你可以描述在有生之年能够做多少台手术、帮助多少病人重获健康；比如你是一个建筑师，在有生之年你会参与多少建筑的设计和建造落成；比如你是作家，会出版几本书，哪些是你一定要写完的主题方向。如果你的成就和金钱相关，也可以用金钱来量化你的成就指数。

◎【暂停】填写中，3 分钟

填写这部分大约需要 3 分钟，你可以按下暂停键完成。

来到第三行——“一生中”，在这一栏，朗读的人会提到你一生中所做的一些标志性的事，它可能既不在家庭中也不在你的职业生涯中，但是描述了一个非常生动的你。这些内容可能曾经写进你的遗愿清单里。比如，在生活和自我世界中，你给过自己什么样的期许？你想让你的体验最远到达哪里？你最想去的地方和最想尝试的运动分别是什么？你是一个什么内容类型的爱好者？这里的一切出发点都与你自己的体验相关，这一栏将被你最亲密的朋友描述，讲给众人，让他们在那时更了解你。

◎【暂停】填写中，2 分钟

填写这部分大约需要 2 分钟，你可以按下暂停键完成。

接下来，大家可以看到“获得了”三个字，在“获得了”这一项后面的横线上，你需要写下毕生追求的最高点，这些东西如果得到了，就算是活到淋漓，就算是活时尽兴、去无所羁的那些终极要点，它是什么，需要你自己来定义。可以是一些标志性的事情，标志性的体验，可以是奖项与认证，可以是财富，可以是名誉、成就、地位，任何你认为在有生之年达成就可以安然地闭上双眼的东西。它当然可以是弥留之际，在你头脑中闪回的那些美好记忆。此生的获得会是一幅幅闪过的画面，现在请你对这些画面展开想象，画面描述了什么就写在这里。

◎【暂停】填写中，2 分钟

填写这部分大约需要 2 分钟，你可以按下暂停键完成。

追悼会策划表的最后，首先要写下这份生平的朗读人，你相信他能够在朗读的时候懂得你的生平，懂得你做的事情，他可以是你的朋友、亲人、爱人或者任何你期待却尚未遇到的人。

◎【暂停】填写中，30 秒

填写这部分大约需要 30 秒，你可以按下暂停键完成。

最后的最后，当一切都结束，我们可能会留下一座墓碑。上面将会写着生卒年和一段描述或一句小诗。你希望你的一生用什么样的话来描述？这句话很重要，因为在未来很多天里，当你遇到顺境、逆境，遇到很多时刻，这句话都会在你脑中映现，你会想起你是为此而活。而当你离开时，这句话就是对你短暂而漫长的一生的诠释，它就是你对于世界、生命和自己的最深刻的理解。

◎【暂停】填写中，2 分钟

填写这部分大约需要 2 分钟，你可以按下暂停键完成。

到这里，我们的追悼会策划表就填写完了。

很多同学可能会问：为什么会选择这样一种方式？为什么写这

样一份清单？

原因也很简单，只有在这样的极限情境下，你所书写的内容才是最接近内心深处的东西。什么是最重要的，什么是矢志不渝要实现的？它可以解决我们要去哪儿的问题；同时，当重大的挫折袭来的时候，这是可以拿出来看的东西，无论你选择什么，无论是失败还是有人离开你，当你觉得我该不该、是不是、能不能的时候，拿出来看这份追悼会策划表。

大家都写过一生的计划，我觉得这份文件就是一生计划的前置，你要先有那些总目标，再倒推切分执行。

当然，有一天你会更新，这种类型的文件过十年、五年，甚至一两年后再更新也会不一样，但是跨越一个维度之后，你会发现哪些东西更宝贵。

命运地图与时间花园语音原文

同学你好，我是本书的作者王潇，我们现在来到这本书的尾声——“绘制你的命运地图”环节，为了便于大家更好地理解和完成，接下来就请跟随我的引导一步步完成填写。

◎ 目标优先级

首先我们看到地图的顶部，有五个依次排布的棕色矩形，它们是在五种时间的维度下，你的目标优先级排序。

这个排序非常重要，它们是你建立未来秩序的基础。你可以参考在本书第一章中填写过的生平，观察什么对你来说是最重要的。把五种时间按从最优到次优的逻辑填在优先级排序里。到底是成就还是家庭，抑或是你自己的体验？每一类对应的都是你的哪种时间？当客观现实的顺序和你希望的顺序不相符合时，你应该遵从自己对未来人生秩序的设计。人与人的结构性区别，也就蕴含在优先级序列和常年的执行当中。

◎ 确定终点

在了解五种时间和时间折叠的奥义之后，你已经有能力为自己绘制一张命运地图，并按照五种时间的方法绘制接下来的路线和里程碑了。有了路线和里程碑，你就会知道要朝向何方播种。

现在的你正位于地图的起点，首先需要确定前面的第一个里程碑在哪里，否则无法绘制路线。

在第一章，你获得过一个有效的参考依据“追悼会策划表”，此刻你可以回顾这份重要文件，仔细阅读那上面已经写好的生平，因为生平部分的描述最接近你的愿景。你需要端详你曾为自己的命运写下了一个什么样的故事。

绘制地图的关键就在于，你要为自己讲一个什么样的故事。这个故事蕴含着你最重要的精神资源、最直接的信念：看，这就是我要成为的人，要做到的事，能具备的力量，能渡过的难关。

◎ 书写命运地图

现在，请你将目光移到命运地图的左下部分，请在地图上的起点处，写上此时此刻的时间和地点。在最远处的旗帜上，写下此份命运地图的终点，要有愿景实现的具体年份时间，你可以选择的时间维度有十年、五年或三年，这取决于你现在的状态和决定给自己的时间长度，终点的依据也是你在追悼会策划表中为自己写下过的生命长度。在每个里程碑的旗帜旁，你会看到五个待填写的序号，这代表了你对愿景中五种时间、不同目标的分解和预期的优先级排序。

好，现在我们来填写距离最近的旗帜。根据生平中你对各类目标的渴望程度和现在的可执行性，对五种时间的优先级进行排列，依次从上到下填写在序号之后，这个次序就将是你长期安排日程时间时会参考的五种时间优先级次序。

在实现愿景目标那一天到来时，你的目标是拥有着什么样的心流成就、赚钱结果、好看程度、好玩体验，都需要用SMART的目标法量化填写下来，就像你写生平时一样。而在那时，你还需要给自己一个核定，那就是，你认为那时还存在的生存时间是一个在何种高度上的考验。生存时间如我们所知，会在每次晋级后重复出现，我们终身都在不断逾越，那么你也要为那时候强大的自己设计一个匹配的难度：当愿景时刻到来时，你正逾越到哪一关。

◎ 具体说明

具体到各个维度，我们都应该有相应的目标和实现的方法，从上至下，分别列出在这一年每一种时间里你希望达到的目标，这个目标应该是可量化、可描述的，现在写下来的都将成为那一年行动计划的指导。现在我以我的五种时间目标排序为例，来描述一下每种时间填写的方法。

◎ 好看时间

好看时间是内丹和外法共同发挥作用，是综合管理的结果，它们包括：睡眠、饮食、运动和修饰，我们今天可以确切地写下对好看时间的结果描述，这决定了关于好看时间我们每天要做到什么，要达到怎样的目标。

◎ 好玩时间

好玩时间可以对照我们的遗愿清单，在本年度，在多少事情上解决我们的好奇心，尝试多少新事物，去多少新的地方，见多少有趣的人。好玩时间对我们来说非常重要，因为它是我们收集世界、了解多样性的基础，我们会知道世界上有很多活法，我们也有足够的自由去拥抱和享用生活的礼物，我们会为这一切留出应得的时间。

◎ 心流时间

心流时间分为两种，一种是你如果还没找到能沉浸其中的事物，那你就把心流时间先留给寻找，比方说，我愿意去研究 20 个人沉迷的是什么，和他们聊天，参与他们的生活，寻找值得我沉迷的事物。如果你早已经知道什么能让你高度沉浸、创造和表达，那就需要为你的沉迷留下相应的时间，设定相应的目标；如果你向往如同心流时间一样优质的恋爱、家庭生活，你不妨把你对亲人、伴侣和孩子的陪伴也归入心流时间。过去我们可能把很多时间给了赚钱和生存，但当我们重新规划时，我们知道幸福这件事，来自心流，所以我们要在生活中给予其足够的安排。

◎ 赚钱时间

到了赚钱时间，你要明确知道的是——赚到钱是赚钱时间的结果，所以你一定要计划出今年你每一天要用多少时间用于赚钱时间的投入，你需要再次追问自己的核心竞争力，需要继续进行循环增强的训练。你要用自己的努力、智慧、团队，把自己的什么技能、什么产品的价值推到无限高？日复一日在你的人生终极曲线上等待质变点，只有这样，天长日久，赚钱才能成为一种结果；

◎ 生存时间

但凡我们周期性地又处于生存时间，情绪低落，对未来感到怀疑和茫然，都不妨在旁边写下一个“5”，那就意味着我们知道需要了解自己的天赋、能力，需要找到好的教练做好的计划，艰苦卓绝地练习，找到自己的对手，找到下一个赛点，我们要紧紧围绕这五项再次分析自己和展开行动。

◎ 未来 24 小时表盘

当这些正向人生的五种时间的年度目标完成，我们把目光看向 24 小时的钟表盘。这代表了当你行走在此份命运地图的旅程上时，你所拥有的一天应该呈现的样子。

请你按照我的引导，分割出以下部分：

• 圈出你必须保证的睡眠时间，每个人并不相同，有的人 8 小时，有的人 6 小时，还有的人 4 小时，先划掉这段时间并标注为“生存时间”；

• 圈出你每天吃饭的时间，也划掉并标注为“生存时间”，除非某天的吃饭时间也兼具了其他时间的功能，做到了重叠；

• 在剩下的时间，我们希望大家把其他的“生存时间”也标出来，那些你还在做着不喜欢的工作，或者处在转型期，抑或是你要解决不得不解决的棘手的问题，但现在又没有办法完全突破的时间；如果已经只有很少的生存时间，那就是最好的状态。当然如果更加细致，你还可以标注出哪些是被动生存时间，这样你就拥有了缩短它们的目标，并可以在旁边写下运动员密码，一个“5”。告诉自己只要在这个时间中，就可以采取行动；

• 接下来，请按照你自己此份命运地图终点的优先级，把好看、好玩、赚钱、心流 4 种时间在一天中进行安排，这些具体事项需要你定义和分类各种日常事务，包括健身、玩游戏、学语言、和好朋友见面、旅行等，但要确保这是在此份命运地图到达约定年限时你希望拥有的生活状态。

生存之外的分类和排序，完全由你的里程碑目标倒推来决定，如果你本阶段不需要好看，你可以完全不安排好看时间，如果你本阶段需要赚钱，你可以全部排满赚钱时间，这都是对的，极致地做一件事情，直到它出结果。如果你希望自己的外形可以焕然一新，想疯狂地健身，那这一年就可以把时间尽可能地留给好看时间，如果你过去太辛苦了，这一年就想好好玩耍，享受放空，就全留给好玩时间。你怎样选择都是对的，因为这是你的人生。

好，这个饼状图几乎画完以后，你就有了一个阶段性的日程安排，执行之后，你的里程碑就会到达。而在执行中你会发现，花园已经播种，你会带着希望，享受播种后慢慢生长的过程。

◎ 折叠时间

我们再来看这个最神秘而特殊的图表，一片完全空白的时间花园。

在你的时间花园中，有 24 个等待种植的位置，每一个位置代表你一天中的一个小时。

接下来，请参照你的 24 小时表盘，在你理想的时间花园中，种植你的五种时间植物，可以自己用彩色笔区别五种时间的颜色，比如如果是生存时间，就画一个绿色的圆柱，其他时间同理。

当你认为一件特定事物能够实现多种时间的折叠时，请将几种时间累计种植在同一个位置，大家也可以参考书中的各种时间花园示意图。

在规划时，你可以仔细观察和思考你理想中的时间花园，哪些时间已经被折叠，与谁产生了折叠，折叠如何发生？从现在开始，应该如何让折叠一步步发生。

当完成这份“命运地图”，你会发现，这些五种时间的愿景和我们在趁早效率手册上看到的大概率幸福的目标清单再也不相同，你会清晰地看到自己的人生将以全面而立体的方式呈现。无论你想要哪一种体验和成就，都摆脱了外界人云亦云的评价，在最初就清晰地确定了自己的标准。

当你能够把五种时间的愿景拆分到每天时，你就发现，时间花园之中，确切的优先级和配比出现了。一切都由你的渴望倒推而来。你每一天的时间花园，就会这样积累生长出你的未来。